150 Jahre Juristisches Seminar
der
Martin-Luther-Universität Halle-Wittenberg

# 150 Jahre Juristisches Seminar

DER
MARTIN-LUTHER-UNIVERSITÄT
HALLE–WITTENBERG

Herausgegeben von

Heiner Lück
Heiner Schnelling
Karl-Ernst Wehnert

VERLAG JANOS STEKOVICS

Bibliographische Information Der Deutschen Bibliothek
Die Deutsche Bibliothek verzeichnet diese Publikation in der Deutschen Nationalbibliografie; detaillierte bibliografische Daten sind im Internet über http://dnb.ddb.de abrufbar.

Herausgeber: Martin Luther Universität Halle–Wittenberg, Juristische Fakultät
Layout und Gesamtherstellung: Janos Stekovics

© 2005, VERLAG JANOS STEKOVICS und Herausgeber

Das Werk einschließlich aller seiner Teile ist urheberrechtlich geschützt. Jede Verwertung außerhalb der engen Grenzen des Urheberrechtsgesetzes ist ohne Zustimmung der Rechtsinhaber unzulässig und strafbar. Das gilt insbesondere für Vervielfältigungen, Übersetzungen, Mikroverfilmungen und die digitale Speicherung sowie Verarbeitung.

ISBN 3-89923-106-6

www.steko.net

# Inhalt

Vorwort des Dekans ........... 7

*Karl-Ernst Wehnert*
Das Juristische Seminar – von den Anfängen bis zur Gegenwart ........... 9

*Karl-Ernst Wehnert*
Die Zweigbibliothek Rechtswissenschaft im neuen Juridicum
der Martin-Luther-Universität Halle–Wittenberg ........... 37

*Heiner Schnelling*
Universitätsbibliothek, Landesbibliothek, Juristische Seminarbibliothek,
Zweigbibliothek Rechtswissenschaft ........... 43

*Rolf Lieberwirth*
Meine erste Begegnung mit dem Rechtswissenschaftlichen Seminar
bei der hallischen Juristenfakultät ........... 59

*Heiner Lück*
Die ältesten Bücher der Juristischen Bibliothek ........... 65

*ANHANG*
*Guido Kisch*
*bearbeitet von Heiner Lück*
Das juristische Seminar an der Universität Halle–Wittenberg
im 75. Jahre seines Bestehens ........... 85

*Heiner Lück*
Bibliotheksstempel aus drei Jahrhunderten ........... 97

Chronik der Bibliothek ........... 108

Autorenverzeichnis ........... 110

Personenregister ........... 111

# Vorwort des Dekans

Im Jahr 2003 konnte die Juristische Fakultät der Martin-Luther-Universität Halle–Wittenberg den 150. Geburtstag ihres Juristischen Seminars begehen. Mit einer im akademischen nicht selten anzutreffenden, auf Gründlichkeit beruhenden Verzögerung haben die heute für das Juristische Seminar Verantwortlichen, unterstützt durch die rechtshistorische Kompetenz der Fakultät, die Herausgabe einer Festschrift beschlossen und verwirklicht. Dies ist für den Dekan und die Fakultät ein Anlass zu Freude und Dankbarkeit.

Bibliotheken sind für Studierende und Forscher Orte der Begegnung. Der Begegnung mit den Gedanken anderer Wissenschaftler, aber auch der Begegnung mit Kommilitoninnen und Kommilitonen bzw. Kolleginnen und Kollegen. Beide Arten der Begegnung stellen besondere Anforderungen. Der Erwerb, die Ordnung und die Pflege des „wissenschaftlichen Apparates", wie es in der Fachsprache heißt, ist die erste und unverzichtbare Anforderung, die in Halle von Beginn an und insbesondere auch nach dem Neubeginn im Jahr 1993 in vorbildlicher Art und Weise erfüllt wurde. Der Rahmen für die Nutzung wurde 1998 durch die Übergabe des neuen Lesesaals wesentlich verbessert und bietet heute einen idealen und angenehmen Ort für Studierende und Wissenschaftler nicht nur der Juristischen Fakultät. Die Früchte zeigen sich in den zahlreichen bedeutenden wissenschaftlichen Werken, die in den letzten Jahren an der Juristischen Fakultät entstanden sind.

Besonderer Dank gilt neben Herausgebern und Autoren auch der Stadt- und Saalkreissparkasse Halle sowie der Stiftung Rechtsstaat Sachsen-Anhalt e. V., die durch ihre finanzielle Unterstützung diese Publikation ermöglicht haben.

Gewidmet ist die Festgabe dem Andenken von Guido Kisch, der das Juristische Seminar zum Zeitpunkt seines fünfundsiebzigjährigen Bestehens leitete und 1933 aus politischen Gründen seines Amtes enthoben wurde.

Halle, im April 2005

*Winfried Kluth*

# Das Juristische Seminar – von den Anfängen bis zur Gegenwart
## Karl-Ernst Wehnert

*1. Einleitung*

Vor gut 150 Jahren, am 20. Mai 1853, wurde die Zweigbibliothek Rechtswissenschaft der Universitäts- und Landesbibliothek Sachsen-Anhalt als Juristisches Seminar gegründet.

Dieses Ereignis bietet Anlaß, sich einmal näher mit der Geschichte dieser Einrichtung auseinanderzusetzen, zumal eine geschlossene Darstellung des Gesamtzeitraumes bisher nicht vorliegt und überhaupt Veröffentlichungen, die über die obligatorischen Pflichtberichte für die Hochschul- und Bibliotheksgremien hinausgehen, recht spärlich sind.

Anläßlich des 75-jährigen Jubiläums hat der mit dieser Festschrift Geehrte eine Abhandlung über das Juristische Seminar verfaßt, die aus dem für die Universitätschronik 1927/1928 abzugebenden Rechenschaftsbericht und einem geschichtlichen Überblick besteht. Die Herausgeber haben sich entschlossen, beide Teile dieser Arbeit in den vorliegenden Band aufzunehmen und mithin erneut zu publizieren.[1]

Als weitere Veröffentlichung ist auf die von Lieselotte Jelowik zu verweisen, die sich thematisch mit der Halleschen Juristenfakultät im 19. Jahrhundert befaßt und dem Juristischen Seminar sechs Seiten widmet.[2]

Sind Geschichte und Entwicklung des Seminars im vorvergangenen und in den ersten drei Dezennien des vergangenen Jahrhunderts dadurch einigermaßen nachvollziehbar,[3] so gilt das für den Nachzeitraum nicht ohne weiteres. Da die Chronik der Universität (für den Berichtszeitraum bis 31. März 1936) im Jahre 1937 letztmalig erschienen ist[4] und zeitlich daran anschließendes spezielles Aktenmaterial[5] kaum existiert bzw. dessen Existenz resp. Verbleib trotz Konsultation verschiedenster Stellen bislang unbekannt ist, ist man über einen weiten Zeitraum auf die Aussagen von Bibliotheksmitarbeitern und anderen Universitätsangehörigen angewiesen,[6] ehe man über die letzten zehn Jahre aus eigenem Erleben und eigener Erfahrung berichten kann.

Läßt man wichtige Ereignisse der deutschen Geschichte, die oft auch Einfluß auf die Weltgeschichte gehabt haben, Revue passieren, so läßt sich zweifelsfrei feststellen, daß die zweiten 75 Jahre historisch, politisch und bibliotheksbezogen weitaus tiefere Einschnitte gebracht haben als die in der ersten Hälfte der Existenz des Juristischen Seminars.

Als Guido Kisch im Jahre 1928 seinen Bericht und den historischen Überblick verfaßt hat, lagen die Reichsgründung, das Kaiserreich und der Erste Weltkrieg zurück und man befand sich in der Weimarer Republik. Bis dahin waren als die wohl schwerwiegendste geschichtliche Zäsur die Folgen des Weltkrieges zu bewältigen, die auch bibliothekspolitisch spürbar gewesen sind. Kisch konnte allerdings nicht ahnen, daß nur fünf Jahre später ein für das Juristische Seminar noch tieferer und für ihn persönlich sogar existenzvernichtender Einschnitt eintreten würde, nämlich die Machtergreifung durch die Nationalsozialisten. Das Dritte Reich, der Zweite Weltkrieg, die Besatzungszeit, Gründung und Untergang der DDR und die Wiedervereinigung mit der Übernahme des westdeutschen Rechts-, Wirtschafts- und Sozialsystems haben jeweils tiefe Spuren hinterlassen, was auch am Bestand des Juristischen Seminars resp. der Zweigbibliothek Rechtswissenschaft deutlich wird.

Doch wollen wir zunächst zurückblicken und der Frage nachgehen, wie alles begann.

## 2. Die Vorläufer des Juristischen Seminars[7]

Um die damalige Ausbildung der Juristen an den preußischen und den anderen deutschen Universitäten zu verbessern, suchte man in Halle wie andernorts nach neuen Wegen.

Als Grunddefizit der Ausbildung sah man die unzulängliche Arbeit mit den Rechtsquellen an. Bis dahin erschöpften sich die Rechtskenntnisse der Studenten in dem Stoff gängiger Lehrbücher, die im ersten Staatsexamen – bis Mitte des 19. Jahrhunderts einer rein mündlichen Prüfung – abgefragt wurden.

Um diesem Ausbildungsmangel entgegenzuwirken, hielt man die Schaffung einer gänzlich neuen Einrichtung für erforderlich, deren Zweck es sein sollte, den Studierenden das Rüstzeug zu selbständiger wissenschaftlicher Arbeit zu geben.

Der erste Versuch, diesen Anforderungen in Halle gerecht zu werden, kann in der von dem Privatdozenten Dr. Karl Otto von Madai (1809–1850) im Wintersemester 1834/1835 angebotenen Veranstaltung „Übungen der Juristischen Gesellschaft" gesehen werden. Diese umfaßten zwei Wochenstunden, von denen eine zum lateinischen Disputieren, die andere zu lateinischen Interpretationen von Digestentiteln verwendet wurde.

Von Madais Ziel, diese Veranstaltung und weitere durch die Errichtung eines Juristischen Seminars in Halle dauerhaft zu etablieren, wurde vom Kultusministerium vermutlich nicht unterstützt, so daß diese Veranstaltung mit dem Weggang von Madais nach Dorpat im Sommer 1837 nicht fortgesetzt wurde.

Nach zehn diesbezüglich stagnierenden Jahren ergriff Prof. Dr. Otto Goeschen (1808–1865) auf Wunsch mehrerer Studenten im Sommersemester 1847 erneut die Initiative. Die von ihm errichtete „Germanistische Gesellschaft" hatte zum Ziel, „die Studierenden zu eigenen Arbeiten hauptsächlich im Gebiet des deutschen Privat-, Staats- und Kirchenrechts anzuleiten". Die – vermutlich – exegetischen Übungen im Sachsenspiegelrecht mußten jedoch bereits im Sommersemester 1848 wegen mangelnder Beteiligung ausfallen.

Erst der dritte Versuch – fünf Jahre später – führte zur dauerhaften Einrichtung eines Juristischen Seminars und muß daher als dessen Geburtsstunde betrachtet werden, wenngleich auch hier der ursprünglich beabsichtigte Zweck später aufgegeben wurde und eine völlige Neuorientierung stattgefunden hat.

## 3. Die Gründung des Juristischen Seminars

Die mit Ministererlaß vom 20. Mai 1853 genehmigten Statuten des Juristischen

Seminars sahen in § 1 als Zweck desselben vor, „den Studierenden der Rechtswissenschaft durch eigene exegetische, dogmatische und praktische Arbeiten und Disputationen eine Anleitung zu selbständiger wissenschaftlicher Tätigkeit zu geben."

Basierend auf dem damaligen juristischen Studienplan der Hallenser Universität, der auf einem ministeriell bestätigten Modell der Bonner Juristenfakultät von 1851 beruhte, wurden Exegesen lateinischer juristischer Schriften und deutscher Rechtsbücher durchgeführt. Diesen römisch- und deutschrechtlichen Übungen entsprach die Zweiteilung des Juristischen Seminars in eine romanistische und eine germanistische Abteilung. Sie wurden jeweils von zwei Professoren im Semesterwechsel geleitet. Für die romanistische waren die Prof^es. Dr^es. Karl Witte (1800–1883) und Karl Eduard Georg Bruns (1816–1880), für letzteren nach dessen Weggang (1859) ab 1862 Heinrich Dernburg (1829–1907) zuständig, für die germanistische Abteilung Otto Goeschen und Johannes Merkel (1819–1861).[8]

*4. Die Weichenstellung: Neuordnung des Übungs- und Beginn des Bibliotheksbetriebes*

Trotz Auslobung von Geldprämien für besonders befähigte Studierende war die Resonanz sehr schwach. Das hatte seinen Grund wohl darin, daß sich viele von der Teilnahme allein schon durch den Begriff des „Juristischen Seminars" als einer abgeschlossenen Anstalt abschrecken ließen, zumal vergleichbare Übungen außerhalb des Seminars großen Zulauf fanden. In dieser Situation entschloß sich die Fakultät 1865, das Seminar (in der Organisationsform) als geschlossene und besondere Anstalt aufzuheben, die Geldprämien fallen zu lassen und die Übungen wie alle anderen akademischen Vorlesungen zu behandeln. Allein der Name „Juristisches Seminar" wurde beibehalten. Das geschah aus dem pragmatischen Grund, die bisher als Prämien bestimmten Gelder für den Aufbau einer juristischen Handbibliothek verwenden zu können.[9] Dieses haushaltsrechtlich „nicht ganz korrekte" Vorgehen bildet somit den Grundstein für unsere heutige Bibliothek.[10]

Man war natürlich schon seit längerem zu der Erkenntnis gelangt, daß die Übungen durch selbständiges Bücherstudium ergänzt werden mußten und dazu ein gewisser Grundstock an juristischer Literatur vor Ort vorhanden sein mußte.

Zwar verfügte die zwei Jahre nach Gründung der Universität Halle (1694) errichtete Universitätsbibliothek über einen wohl recht ordentlichen juristischen Bestand (der Gesamtbestand betrug 1865 ca. 90 000 bis 95 000 Bände.[11] Über den damaligen juristischen Bestand liegen keine Zahlen vor; nach vorsichtiger Schätzung kann man von einem Anteil von etwa 10% ausgehen, mithin von ca. 9 000 bis 10 000 Bänden[12]), zumal Bücher aus dem Nachlaß des Juristen Johann Georg Simon (1644–1696) den Grundstock für diese bildeten und zudem seit Anbeginn – als eine der klassischen – natürlich auch eine juristische Fakultät bestand. Es kommt hinzu, daß an der 1502 gegründeten Leucorea in Wittenberg ebenfalls eine juristische Fakultät bestand und mit der Zusammenlegung beider Universitäten 1817 Teile der dortigen Universitätsbibliothek nach Halle verbracht worden sind; einzig die theologische und philologische Literatur ist in Wittenberg verblieben.[13] Man kann also davon ausgehen, daß bei Gründung des Juristischen Seminars bereits 350 Jahre lang kontinuierlich juristische Literatur erworben worden ist.

Man wollte jedoch die fachspezifische Literatur vor Ort haben und man wollte jederzeit auf sie zugreifen können. Das waren Ansprüche, die die Universitätsbibliothek nicht erfüllen konnte. Einen einfachen und schnellen Zugang sollten aber nicht nur die Studierenden erhalten, auch die Professorenschaft war daran interessiert. Denn lange vorbei war die Zeit, in der die Hochschullehrer alle auf ihrem Forschungsgebiet erscheinende Literatur privat erwerben konnten, um sie dann den Studierenden zur Verfügung zu stellen, wie es in früheren Zeiten üblich gewesen ist. Somit bestand für alle Fakultätsgruppen größtes Interesse an einer eigenen Bibliothek.

### 5. Aufbau und Etablierung der Seminarbibliothek

War nun die Weichenstellung hin zu einem Bibliotheksbetrieb erfolgt, so ist die Vorstellung, daß sofort in großem Stil mit dem Auf- und Ausbau der Bibliothek begonnen werden konnte, wozu auch die Bereitstellung von Geldern, Räumlichkeiten und Mitarbeitern gehören, nicht zutreffend.

Der Aufbau der Bibliothek lief langsam an, die Mittel flossen spärlich. Bis 1867 wurden insgesamt 200 Taler für die Einrichtung eines Lesezimmers und für die allerdringendsten Literaturanschaffungen bewilligt. Über einen regelmäßigen Etat konnte das Juristische Seminar erst ab 1873 verfügen, er betrug für dieses und das darauffolgende Jahr jeweils 50 Taler. Mit Einführung der neuen Währung belief sich die jährliche Zuweisung zunächst auf 450 Mark, die dann in den neunziger Jahren des vorvergangenen Jahrhunderts auf 600 Mark erhöht wurde. Hinzu kamen Nutzergebühren (anfangs 5 Mark pro Semester) und gelegentliche Zuwendungen vom Unterrichtsministerium, die zweckgebunden für Katalogisierungsarbeiten verwendet worden sind.[14]

Über die anfänglichen räumlichen Bedingungen der Bibliothek ist nichts übermittelt. Sicher ist nur, daß die Bibliothek immer bei der Juristischen Fakultät angesiedelt war.

1893 bezog das Seminar einen Raum im alten Gebäude des Oberbergamtes am Domplatz 1 (Abb. 1), eingerichtet mit drei Tischen und zwanzig Stühlen, wobei naheliegend ist, daß es sich dabei um einen der drei vorher vom Kupferstichkabinett genutzten Räume gehandelt hat, da jene Einrichtung im Dezember 1891 in das Archäologische Museum (dem heutigen Robertinum) umgesiedelt ist.[15]

Der Bestand belief sich auf ca. 2 000 Bände. Um diesen zu pflegen und auszubauen, wurde 1895 erstmalig ein Bibliothekar eingestellt. Dadurch konnten zudem die Öffnungszeiten erheblich erweitert werden, 1899 auf täglich 9 Stunden.[16]

Mit der räumlichen Veränderung ging auch eine organisatorische einher. Hatte bisher[17] der jeweilige Dekan die Leitung des Juristischen Seminars inne, so wurde jetzt aus der Mitte der ordentlichen Professoren, denen die Leitung insgesamt

*Abb. 1
Domplatz 1*

oblag, ein geschäftsführender Direktor gewählt. Dieses Amt übte fast zwei Jahrzehnte bis 1911 der Geh. Justizrat Prof. Dr. Gustav Lastig (1844–1930) aus.

Ebenfalls im ehemaligen Oberbergamt war ein zweites juristisches Seminar untergebracht, nämlich das seit 1889 bestehende Kriminalistische Seminar. Dieses verfügte über zwei Räume und konnte bereits damals als bestens ausgestattete Spezialbibliothek eingestuft werden,[18] auf die heutige Zeit übertragen vergleichbar den Bibliotheken der Max-Planck-Institute.[19]

Der berühmte Straf- und Völkerrechtler Franz von Liszt (1851–1919) hatte dieses Institut 1888 versuchsweise in Marburg gegründet. Mit Aufnahme seiner Lehrtätigkeit in Halle 1889 siedelte es mit seinem Gründer um. Durch Einbringung der von Lisztschen Privatbibliothek verfügte dieses Seminar zum Zeitpunkt seiner Gründung bereits über 5 000 Bände und wuchs dank der üppigen Apanagen natürlich schneller als das Juristische Seminar. Die jährliche Zuweisung betrug 2 400 Mark – das Vierfache des Etats, mit dem das Juristische Seminar auskommen mußte; es kommt hinzu, daß letzteres damit alle Rechtsgebiete abdecken mußte. Ferner wurden die Mittel des Kriminalistischen Seminars durch gelegentliche Zuschüsse für Antiquariatskäufe aufgestockt. 1899 dürfte das Kriminalistische Seminar über ca. 12 000 Bände verfügt haben, das Juristische Seminar über ca. 3 500 Bände.

1899 folgte von Liszt einem Ruf nach Berlin (eine Wegberufung von Halle nach Berlin war zu damaliger Zeit nicht unüblich) und nahm die gesamte Bibliothek mit. Damit waren die ursprünglichen Pläne, dieses Institut dem Juristischen Seminar anzugliedern, gescheitert.

Da das Juristische Seminar in den Jahren der Koexistenz mit dem Kriminalistischen Seminar so gut wie keine Strafrechtsliteratur erworben hatte, stand es nun vor einem Dilemma. Die in den letzten zehn Jahren erschienenen wichtigsten Werke mußten nachgekauft werden. Hinzu kam noch, daß mit Inkrafttreten des Bürgerlichen Gesetzbuches am 1. Januar 1900 erhebliche Mittel für die im Zuge der Reform erschienene und erscheinende Kommentar- und Lehrbuchliteratur aufgebracht werden mußten. Beide Umstände überstiegen die finanziellen Kräfte der Einrichtung. So wurden vom Ministerium der geistlichen, Unterrichts- und Medizinal-Angelegenheiten mit Schreiben vom 9. Juni 1900 4 000 Mark zur Verfügung gestellt, 1 500 Mark zweckgebunden für Strafrecht, 2 500 Mark für Anschaffungen im Gebiete des römischen, deutschen und bürgerlichen Rechts, verbunden mit dem Hinweis, strafrechtliche Werke künftig aus dem ordentlichen Etat zu erwerben.

*6. Die Bibliothek zu Beginn des 20. Jahrhunderts bis 1933*

Ende 1902 siedelte die Bibliothek in das anläßlich der 400-Jahr-Feier der Universität neu erbaute (zweite – neben dem Universitätshauptgebäude) „Auditorien- und Seminargebäude" um, welches erst im Oktober 1911 den Namen „Melanchthonianum" erhielt (Abb. 2).

Hier kam es zu Streitigkeiten über die Raumverteilung, so daß die diesbezüglichen ursprünglichen Belegungspläne in den Bauzeichnungen nur bedingt aussagekräftig sind. Die in den Entwurfszeichnungen dem Juristischen Seminar zugewiesenen Räume 121, 122, 101 und 102 im 2. Obergeschoß sollten zunächst mit den Räumen 92 bis 95 des 1. Obergeschosses getauscht werden. Tatsächlich untergebracht war das Seminar jedoch bei Einzug in den Untergeschoßräumen 32 bis 34, ab 1904 in den Erdgeschoßräumen 42 bis 44, im selben Jahr noch erweitert auf Raum 45.[20] In der „Ordnung der Bibliothek des Juristischen Seminars" vom 15. April 1907 wird der Standort mit den Räumen 44 und 45 angegeben.

Der Bestand dürfte zur Zeit des Einzugs auf ca. 4 500 Bände zu beziffern sein, zumal dank einer Schenkung des am 1. August 1900 verstorbenen Germanisten Prof. Dr. Alfred Boretius der Bestand merklich aufgestockt werden konnte. Die Boretius-Schenkung umfaßte 744 Bände, vorwiegend Literatur zur deutschen Rechts- und Verfassungsgeschichte. An diese Schenkung erinnert noch heute eine im Thomasianum angebrachte Gedenktafel.

Das Melanchthonianum blieb nur für ein knappes Jahrzehnt Heimstatt des Juristischen Seminars. Mit Fertigstellung des Seminargebäudes „Thomasianum" (Abb. 3) im Jahre 1911 wechselte die – jetzt ca. 6 500 Bände umfassende – Bibliothek abermals nach verhältnismäßig kurzer Zeit den Standort, um dann allerdings mehr als 85 Jahre dort zu verbleiben. Hier war sie zunächst im 2. Obergeschoß (Zimmer 148) untergebracht und verfügte über eine Grundfläche von 113 qm.

In diesem Jahr trat zudem ein Wechsel in der Leitung des Seminars ein. Der, wie schon erwähnt, seit 1893 amtierende geschäftsführende Direktor Lastig gab anläßlich seiner Emeritierung das Amt an den Geh. Justizrat Prof. Dr. Rudolf Stammler (1856–1938) ab, der dieses bis zu seinem Weggang nach Berlin 1916 bekleidet hat. Ihm folgten die Geh. Justizräte Prof[es]. Dr[es]. Paul Rehme (1867–1941; Amtsausübung 1916–1918), Rudolf Hübner (1864–1945; Amtsausübung 1918–1921) und bis 1925 Julius von Gierke (1875–1960). Danach lag die Verantwortung für das Seminar –

*Abb. 2 Melanchthonianum*

bis 1933 – bei Prof. Dr. Guido Kisch (1889–1985).

Die ersten Jahre im nunmehrigen Domizil verliefen ruhig, man konnte sich auf die Verwaltung und Pflege des Bestandes sowie dessen Ausbau konzentrieren.

Interessant für den weiteren Verlauf der Chronik ist das Jahr 1914, in dem die zuvor an der Philosophischen Fakultät ansässigen Ökonomen mit dem gesamten Personal sowie dem 1873 gegründeten Staatswissenschaftlichen und dem diesem räumlich und organisatorisch eng verbundenen Seminar für Genossenschaftswesen (gegründet 1911) an die Juristische Fakultät wechselten, was am 5. September die Erweiterung zu einer Rechts- und Staatswissenschaftlichen Fakultät mit sich brachte.[21] Die für die Juristische Fakultät bedeutsame Entscheidung blieb für deren Seminar mit Ausnahme der Umbenennung in „Rechtswissenschaftliches Seminar" weitgehend ohne Einfluß, da dessen räumliche und organisatorische Selbständigkeit dadurch nicht berührt wurde. Die Beziehungen der drei Schwesterseminare dürfte über gelegentliche Absprachen hinsichtlich fachübergreifender Anschaffungen kaum hinausgegangen sein.

Nachhaltiger spürbar als die Zusammenlegung der Fakultäten war dagegen der wenige Wochen zuvor ausgebrochene Weltkrieg, der aufgrund seiner politischen, militärischen und wirtschaftlichen Turbulenzen hinsichtlich Nutzerzahlen und Erwerbungen merkliche Einschnitte gebracht hat. Da die meisten Studenten und Dozenten zum Kriegsdienst eingezogen waren, war der Seminarbetrieb extrem rückläufig. Nutzten im Sommerhalbjahr 1914 noch 223 Mitglieder die Einrichtung, waren es im Winterhalbjahr 1914/1915 nur noch 28, die niedrigste Zahl wird für das Sommersemester 1918 mit 17 angegeben.[22]

Kriegsbedingt waren natürlich auch die Buchproduktion und dementsprechend die Anzahl der Neuerwerbungen rückläufig. Eine Stichprobe in mehreren Systemgruppen hat bestätigt, daß mit zunehmender Dauer des Krieges immer weniger produziert und erworben wurde und im letzten Kriegsjahr so gut wie keine neue monographische Literatur in die Regale gekommen ist.

Nach dem Krieg ist dann wieder eine stark zunehmende Inanspruchnahme des Seminars zu verzeichnen. Bereits 1919 wurde das Vorkriegsniveau wieder erreicht, 1920 stieg die Mitgliederzahl auf 351, Mitte der zwanziger Jahre bewegte sie sich zwischen 220 und 300.[23] Dementsprechend sind natürlich auch die täglichen Benutzerzahlen gestiegen. Das ist einerseits – neben der steigenden Zahl der Rechtsstudierenden – bedingt durch die neue preußische juristische Ausbildungsordnung von 1923, welche die praktischen Übungen obligatorisch machte und vermehrte, andererseits durch die Folgen der Neuordnung des Staatswesens und des bescheidenen kurzen wirtschaftlichen Aufschwungs nach Krieg und Inflation und der damit einhergehenden Flut neuer Gesetze, gerichtlicher Entscheidungen, Entstehung neuer Rechtsdisziplinen und durch den Aufschwung des öffentlichen Rechts.

Durch die Steigerung im Nutzungsbereich reichten die vorhandenen Arbeitsplätze bald nicht mehr aus, so daß eine Erweiterung der Räumlichkeiten unumgänglich war. Aber auch hinsichtlich der Unterbringung des Bestandes war eine Kapazitätserweiterung vonnöten. Obwohl sich die Mittelzuweisung von den 1890er Jahren bis zur Inflation 1923 relativ konstant auf jährlich 600 Mark und nach Stabilisierung der Währung auf 2 000 Mark belief und sich die Neuerwerbungen sowie die Ergänzung kriegs- und etatbedingter Lücken in den ersten Nachkriegsjahren in engen Grenzen hielten, türmten sich die Bücher bereits Mitte der zwanziger Jahre bis an die Decke des Bibliothekssaales.

Nachdem die von der Philosophischen Fakultät bisher genutzten Räume im 1. Obergeschoß an die Juristische Fakultät übergeben worden waren, konnte Kisch am 29. September 1927 vor der versammelten Fakultät seinen Rechenschaftsbericht in den erweiterten und umgestalteten Räumen erstatten.[24]

Das Seminar verfügte nun über zwei große Lese- und Arbeitssäle von je 91 qm. Im 1. Obergeschoß war das Öffentliche Recht untergebracht, im 2. Obergeschoß das Zivilrecht. Ferner wurde ein Arbeitszimmer mit vier Plätzen für Doktoranden eingerichtet, das wegen zu geringer Inanspruchnahme später als Dozentenzimmer genutzt wurde, in dem wichtige Entscheidungssammlungen sowie die laufenden Zeitschriften auslagen. Die Bücherstellfläche konnte von 384 auf 567 laufende Meter vermehrt werden (Bestand: knapp 10 000 Bände), die Zahl der Arbeitsplätze erhöhte sich von 40 auf 68, wobei das Mobiliar zum Teil leihweise von der Zentral- und der Klinikverwaltung zur Verfügung gestellt worden ist. Gleichzeitig wurde im Treppenhaus eine Holzwand eingezogen und in Höhe des 1. Obergeschosses eine Tür eingebaut, um eine einheitliche Absperrung zu erreichen. Für die Einstellung einer an dieser Pforte plazierten Aufsichtskraft reichten die Mittel zunächst nicht, so daß man auf freiwillige studentische Hilfskräfte angewiesen und dadurch eine ständige Besetzung dieses Platzes nicht immer gewährleistet war. Erst zum 15. Januar 1930 konnte ein Bibliotheksaufseher, Paul Braeske, eingestellt werden, der zum 30. Juni 1933 auf eigenen Wunsch ausgeschieden ist.

Unter Kisch haben im Seminar ferner die Halbassistenten Dr. Richard Kießler und von 1930 bis 30. September 1933 Dr. Kurt Roepke gearbeitet, die Katalogisierung und Ausführung von Bestellungen

*Abb. 3 Thomasianum*

lag in den Händen von Lotte Schildbach. Sie waren auch an der vollständigen Reorganisierung beteiligt, die Kisch schon bald nach Übernahme des Amtes in die Wege geleitet hat, wozu die Einrichtung eines Kardex für die Verwaltung der laufenden Zeitschriften und Lieferungswerke gehörte, die Überarbeitung der Aufstellungssystematik, das Anlegen eines Hauptkataloges in Buchform sowie die Revidierung und Ergänzung der bestehenden alphabetischen und systematischen Zettelkataloge. Diese Arbeiten konnten bis 1933 weitestgehend abgeschlossen werden.[25] Weiterhin wurde unter Kischs Leitung mit dem Aufbau einer Dissertationenabteilung begonnen.

Kisch und seine Mitarbeiter haben auch das von Prof. Dr. Dr. Rudolf Joerges (1868–1957) mit Ministerialerlaß vom 19. Februar 1929 gegründete Institut für Arbeitsrecht[26] mit aufgebaut. Sie haben für dieses Literatur erworben und zunächst im Seminar deponiert und unter Einschluß der arbeitsrechtlichen Bestände des Seminars einen alphabetischen Zettelkatalog, einen Realkatalog in Buchform sowie einen Zeitschriftenkardex für Arbeitsrecht eingerichtet. Die Kataloge wurden dem Institut am 2. Oktober 1929 zusammen mit 234 Bänden ausgewählter arbeitsrechtlicher Monographien und Zeitschriften aus den Beständen des Seminars zur selbständigen Verwaltung übergeben,[27] vierzehn Tage vor der Gründungsfeier, die am 16. Oktober 1929 in der Aula stattgefunden hat. Ende der fünfziger Jahre wurden die Institutsbestände in das Seminar zurückgeführt.[28]

Der Bestand wurde unter dem Direktorat Kischs kontinuierlich erweitert, so daß das Rechtswissenschaftliche Seminar bis Anfang 1933 auf ca. 14 000 Bände (ohne Dissertationensammlung) anwachsen konnte. Besonders zu vermerken sind die großzügigen Öffnungszeiten seit Ende der zwanziger Jahre: 8 bis 20 Uhr, im Winter bis 22 Uhr. Das sind Öffnungszeiten, die erst lange nach der Wende wieder erreicht wurden.

## 7. Das Rechtswissenschaftliche Seminar während der nationalsozialistischen Herrschaft

Den bis dahin merklichsten und auf Jahrzehnte hinaus spürbaren Einschnitt in der Geschichte des Seminars brachte das Jahr 1933. Nach der sog. Machtergreifung am 30. Januar verstanden es die Nationalsozialisten geschickt, den Staatsapparat und die Bevölkerung für ihre Ziele zu mißbrauchen und ihr totalitäres Herrschaftssystem innerhalb weniger Wochen zu etablieren. Nach dem von ihnen inszenierten Reichstagsbrand am 27. Februar, der Verordnung zum Schutz von Volk und Staat vom 28. Februar[29] und dem sog. Ermächtigungsgesetz vom 24. März[30] war der Weg für eine uneingeschränkte diktatorische Herrschaft geebnet und man begann sofort damit, gegen jüdische und andere rassisch und politisch mißliebige Mitbürger vorzugehen.

Das Gesetz zur Wiederherstellung des Berufsbeamtentums vom 7. April[31] hatte für den gesamten staatlichen Bereich die Entfernung jüdischstämmigen und politisch „unzuverlässigen" Personals zur Folge. Am 25. April erging für den Hochschulbereich das Gesetz gegen die Überfüllung deutscher Schulen und Hochschulen,[32] wonach der Anteil nicht arischer Studenten begrenzt wurde. Fünf Jahre später, im Dezember 1938, erfolgte dann der vollständige Ausschluß von Juden an deutschen Hochschulen.[33]

Auf der Grundlage des Gesetzes über die Wiederherstellung des Berufsbeamtentums wurde Kisch, der von Königsberg im

Frühjahr 1922 einem Ruf nach Halle gefolgt war, wegen seiner jüdischen Abstammung zunächst beurlaubt,[34] dann mit Verfügung vom 26. Oktober 1933 in den Ruhestand versetzt.[35] An seine Stelle trat Prof. Dr. Erich Schwinge (1903–1994), der dieses Amt bis zu seinem Weggang an die Philipps-Universität Marburg zum 1. April 1936 innehatte. In einem an den Kurator mit Datum vom 14. Juni 1933 gerichteten Schreiben hat Schwinge seinem Amtsvorgänger, der acht Jahre das Rechtswissenschaftliche Seminar geleitet hat, eine ordnungsgemäße Geschäftsführung bescheinigt. Dem neuen Direktor standen die Seminaraufseher Paul Golze (ab 1. Juli 1933) und später zusätzlich Max Zaertling (ab 1. November 1934) zur Seite. Nach Schwinge wurde Prof. Dr. Artur Wegner (1900–1989) geschäftsführender Direktor, allerdings nur kurz bis zu seiner zwangsweisen Versetzung in den Ruhestand im Wintersemester 1937/1938. Ihm folgte bis Ende des Krieges Prof. Dr. Gottfried Langer (1896–1979).[36]

Wie sehr (auch) die Hallenser Studentenschaft der nationalsozialistischen Idee verfallen war, schildert Schwinge in seinen Lebenserinnerungen. Um einem seiner Doktoranden Repressalien und Anpöbelungen zu ersparen, riet er – der Seminardirektor – diesem, die hiesigen Bibliotheken (Rechtswissenschaftliches Seminar und Universitätsbibliothek) zu meiden und statt dessen in der Bibliothek des Reichsgerichts in Leipzig zu arbeiten.[37]

Mit den Eingriffen in den Personal- und Nutzerbereich gingen gleichzeitig Übergriffe auf jüdisches, marxistisches und anderes „volkszersetzendes" Gedankengut einher, die ihren ersten Höhepunkt in den sog. Bücherverbrennungen hatten. Reichseinheitlich sollten diese am 10. Mai 1933 stattfinden. Der Termin wurde aber nicht allerorts eingehalten, so auch in Halle, wo am 12. Mai auf dem Universitätsplatz unter den Augen von mehr als tausend Zuschauern und im Beisein höchster Repräsentanten aus dem Hochschul-, Kommunal- und Parteibereich eine große Anzahl Bücher den Flammen zum Opfer fiel. Es handelte sich dabei überwiegend um Bestände aus öffentlichen Büchereien, konfiszierte Buchhandelsexemplare und Werke, die Privatleute nach Aufrufen in der örtlichen Presse zur Verfügung gestellt hatten. Bestände wissenschaftlicher Bibliotheken sollen – jedenfalls in Halle – von den Verbrennungsaktionen verschont geblieben sein.[38] Für diese gingen die Bestrebungen allerdings dahin, die Benutzung stark einzuschränken.

Gemäß Erlaß des Ministeriums für Wissenschaft, Kunst und Volksbildung vom 8. Juni 1933 war für die preußischen wissenschaftlichen Bibliotheken festgelegt, daß die Beschlagnahme oder Vernichtung jüdischer oder marxistischer Literatur nicht in Frage kommt. Indes wurde dafür eine Ausleihbeschränkung angeordnet in Form eines Nachweises, daß die Bücher für wissenschaftliche Forschungsarbeit benötigt werden.[39]

Der nächste Erlaß stammt vom inzwischen geschaffenen Reichsministerium für Wissenschaft, Erziehung und Volksbildung[40] und datiert vom 17. September 1934. Er verlangt die Kenntlichmachung des der allgemeinen Benutzung entzogenen Bestandes sowie die Anlegung eines Verzeichnisses. Eine weitere Verschärfung brachte der Erlaß vom 3. April 1935, der anordnete, daß bestimmte verbotene Literatur unter Verschluß zu halten sei. Zur Benutzung durften diese Werke nur nach strenger Prüfung im Einzelfall freigegeben werden, und zwar nur in den Räumen der Bibliothek. Auch wurden vom Ministerium ab Ende 1935 – streng vertrauliche und nur für den Dienstgebrauch bestimmte – Listen „schädlichen und unerwünschten Schrifttums" erstellt und den Bibliotheken zugeleitet. Des weiteren wurden fortgesetzt Titellisten im Börsenblatt veröffentlicht.

Hinsichtlich der Umsetzung der Erlasse herrschte große Unklarheit, so daß die Sekretierungsverfahren in den jeweiligen Bibliotheken unterschiedlich gehandhabt wurden.[41] Wie das im Rechtswissenschaftlichen Seminar, einer Präsenzbibliothek mit beschränkten Ausleihmöglichkeiten nur für Dozenten und Assistenten, vonstatten gegangen ist, läßt sich gegenwärtig nicht mit Bestimmtheit sagen. Nachgewiesen ist, daß 1934/1935 die 1913 übernommene Bibliothek Meyer und Teile der Bibliothek Boretius an die Universitätsbibliothek abgegeben sowie eine Anzahl doppelter und veralteter Schriften ausgesondert worden sind. Ob dieses in Zusammenhang mit den Erlassen gestanden hat, ist nicht bekannt, dürfte aber wohl abzulehnen sein. Jedenfalls hat es zu allen Zeiten Aktionen gegeben, bei denen nicht mehr benötigtes Schrifttum aus dem Bestand genommen worden ist; entweder wurde es vernichtet oder an andere Bibliotheken weitergegeben. Auch wenn sich in dem der Universitätsbibliothek übergebenen Konvolut sicherlich Werke jüdischer Autoren befunden haben, konnte diese Aktion für das Seminar allenfalls eine Teillösung bringen, denn nach wie vor waren Schriften jüdischer Juristen im Bestand, die gekennzeichnet bzw. unter Verschluß gehalten werden mußten. Sicher ist, daß man sich diesbezüglich zunächst passiv verhalten und wahrscheinlich wegen des enormen Arbeitsaufwandes erst einmal abgewartet hat. Jedenfalls bedurfte es eines Schreibens der Studentenschaft an den Seminardirektor, datiert vom 14. August 1936, in dem verlangt wurde, nun doch endlich mit der Kenntlichmachung der Schriften jüdischer Autoren zu beginnen. Es liegt nahe, daß man für die Kennzeichnung dasselbe oder ein ähnliches Verfahren wie in der Universitätsbibliothek gewählt hat, zumal die Anordnungen nicht nur für Universitäts-, sondern auch für Instituts- und Seminarbibliotheken galten, wie im Erlaß vom 16. Dezember 1936[42] noch einmal bekräftigt. Wieviel Bände davon betroffen waren, darüber läßt sich nur spekulieren. Eine Zahl zu nennen, wäre zu gewagt.

Für die Universitätsbibliothek war angeordnet, daß bei den jeweiligen Bänden am Kopf des Buchrückens ein rundes Papierschildchen aufzukleben war, das ein gleicharmiges schwarzes Kreuz auf gelbem Feld zeigt. Später wurden sie zusätzlich in der rechten oberen Ecke der Innenseite des Rückendeckels mit einem kleinen stehenden Kreuz in Rotstift markiert. Die Bücher wurden nicht gesondert aufgestellt, sondern am jeweiligen Magazinstandort belassen. So gekennzeichnet wurden auch die Lesesaalbestände, wobei allerdings nicht feststellbar ist, ob sie dort verblieben oder ins Magazin umgesetzt worden sind.[43] Es wurde eine zusätzliche Kartei angelegt, in den Katalogen veränderte man jedoch nichts.[44] Ab 1936 begann man, die in den Verbotslisten aufgeführten Werke, bei denen das Signum allein nicht mehr ausreichte, unter besonderen Verschluß zu nehmen, wofür im Magazin einige Regalreihen durch ein verschließbares Gitter abgetrennt wurden.

Heute sind die in der Zweigbibliothek Rechtswissenschaft vorhandenen Werke jüdischer Autoren in den normalen Bestand (= Altbestand bis 1945) integriert und auf Anhieb als solche nicht zu erkennen. Auch die Titelkarten dazu befinden sich in den allgemeinen Katalogen. Zwar sind auf etlichen Bänden des Altbestandes zusätzlich zu den Signaturschildern runde Rückenschilder (ohne „Giftkreuz") aufgeklebt, die jedoch nicht auf die eben beschriebene Literatur schließen lassen.

Neben Schriften jüdischer Verfasser tragen dieses Signum auch nach 1933 erschienene Textausgaben, also Ausgaben von Gesetzen, die während des Dritten Reiches erlassen worden sind oder jedenfalls gegolten haben. Ferner sind derartige Schildchen auch auf mehrbändigen Werken zu finden, von denen oft nur ein Band so gekennzeichnet ist bzw. – bei Kennzeichnung mehrerer Bände – diese zur Kenntlichmachung der jeweiligen Bandzahl verwendet worden sind. Derart signiert sind auch Bücher, an denen bekannte NS-Juristen mitgearbeitet haben. Welche Bedeutung diese Schildchen hatten, konnte bisher nicht eruiert werden. Erklärbar und Sinn machend ist allein die Kennzeichnung der Teilbände mehrbändiger Werke, wobei allerdings die Bandzahl in mehreren Fällen auch ohne diese Zusatzeinrichtung erkennbar gewesen wäre. Die angeführten Beispiele zeigen, daß die Papierschildchen nicht explizit für jüdische Literatur eingesetzt worden sind, zumal auf vielen Büchern jüdischer Verfasser dieses Signum fehlt und Anzeichen, die auf ein nachträgliches Entfernen schließen lassen, nicht bestehen.

Da die Art des Verfahrens in den Erlassen nicht präzisiert worden ist, waren dem Erfindungsreichtum der Bibliothekare natürlich keine Grenzen gesetzt. Denkbar sind Zusätze auf den Signaturschildern oder das Einkleben eines Steckblattes. Die Suche nach derartigen Hinweisen ist ebenfalls erfolglos verlaufen. Möglich ist auch, daß man als interimistische Lösung das Steckblatt nur eingelegt hat. Bei nachträglichem Herausnehmen ist dann naturgemäß ein Nachweis nicht mehr zu führen.

Auch ist die Existenz eines besonderen Verzeichnisses in Band- oder Karteiform nicht bekannt. Naheliegend ist, daß die Titelkarten – so wie in der Universitätsbibliothek – in den Katalogen verblieben sind. Besondere Vermerke sind nicht feststellbar, wobei allerdings erwähnt werden muß, daß im Zuge einer Katalogrevision ab 1952 viele Titelkarten neu geschrieben worden sind.

Unter Verschluß zu haltende Schriften wurden wahrscheinlich in einem besonderen Schrank verwahrt, da in einer Bezugnahme zum Erlaß vom 3. April 1935 deutlich gemacht worden ist, daß eine Verwahrung im Dienstzimmer eines leitenden Beamten, welches auch Seminarmitarbeiter betreten können, nicht ausreicht. Die Literatur war so zu verwahren, daß der Zugang nur dem mit der Überwachung beauftragten Bibliotheksbeamten möglich sein durfte.

Wie aus einem Schriftstück vom 16. Dezember 1936 hervorgeht, hat das Ministerium Kontrollen durchführen lassen. Ob eine Begehung des Rechtswissenschaftlichen Seminars stattgefunden hat, ist nicht bekannt. Aktenkundig ist lediglich eine Beanstandung im Historischen Seminar.

Neben diesen unrühmlichen Eingriffen in den Bestand gab es natürlich auch Eingriffe in die Erwerbungspolitik. Die grundlegende Neugestaltung der Staats- und weiter Teile der Rechtsordnung hatte zwangsläufig zur Folge, daß zu den jeweiligen Rechtsgebieten neue Werke erschienen und etablierte Kommentar- und Ausbildungsliteratur auf die nunmehrige Rechtslage unter Berücksichtigung des neuen ideologischen Denkens umgearbeitet wurde. Jüdische Verfasser, die die Rechtsentwicklung mit ihren Kommentaren, Hand-, Lehr- und Praktikerbüchern oft jahrzehntelang wissenschaftlich und praktisch betreut und vorangetrieben hatten, fanden plötzlich keinen Platz mehr. Ihnen wurde die weitere Mitarbeit verwehrt, an ihre Stelle traten arische Autoren.

Es entstanden neue Zeitschriften, andere wurden eingestellt, wieder andere – vor allem ausländische[45] – konnten nicht mehr oder nur mit Genehmigung besonderer Stellen und über diese bezogen werden.[46]

Was in den Bibliotheken des Reiches erworben werden durfte, hatte zuvor die Zensur passiert,[47] eine Hürde, die ein Großteil nicht schaffte.[48] Den Bibliothekaren standen für die Erwerbung die üblichen Hilfsmittel zur Verfügung, wie beispielsweise das Börsenblatt, Verlagsanzeigen, Buchbesprechungen in den gängigen Zeitschriften, Mitteilungen der Zeitschriftenredaktionen über eingegangene Bücher. Hierbei kam es jedoch zu vielen Ungereimtheiten und Wirrungen, so daß sich die für die Erwerbung Zuständigen nur bedingt auf etwaige Empfehlungen verlassen konnten. So ist es wiederholt vorgekommen, daß zunächst empfohlene Schriften nachträglich als nicht geeignet deklariert wurden, weil sich zwischenzeitlich herausgestellt hatte, daß die Autoren Juden waren.[49] Andererseits wurden Bücher als jüdisches Erzeugnis bezeichnet, obwohl die Verfasser arisch waren – und die Schriften dann natürlich angeschafft (oder im Bestand gehalten) werden durften.[50] In Einzelfällen wurden Kaufverbote ausgesprochen, wobei allerdings nur ein Fall aktenkundig ist. Es handelte sich dabei um Schwenk: Die juristische Praxis in Fällen mit Lösungen aus allen Gebieten einschließlich denen des Arbeits- und Erbhofrechts, 1934.[51]

Der für die Universitätsbibliothek zu verzeichnende Trend, wonach die Erwerbungsmittel von 1932 bis 1934 rückläufig waren, dann leicht anstiegen und bis Kriegsbeginn in etwa gehalten werden konnten, läßt sich für das Rechtswissenschaftliche Seminar in den ersten beiden Jahren nicht bestätigen. Auch unter Berücksichtigung etwaiger kontinuierlicher Steigerungen des Etats, der Mitte der zwanziger Jahre bei 2 000 Mark gelegen hat, sind für 1933 und 1934 außergewöhnlich hohe Zuweisungen zu verzeichnen, nämlich 6 800 Mark bzw. 9 086 Mark.[52] Im Rechnungsjahr 1936/1937 standen 8 600 Mark für Neuanschaffungen zur Verfügung. Lagen die Zugänge vom Geschäftsjahr 1928/1929 bis zum Geschäftsjahr 1932/1933 zwischen 517 und 677 Bänden p. a., so ist im Geschäftsjahr 1933/1934 die Zahl mit 1 419 angegeben, 1934/1935 mit 1 591. Im Laufe des Krieges sank die Buchproduktionsrate, nach 1942 um zwei Drittel; es erschien fast nur noch kriegswichtige Literatur.[53]

Ab Ende 1943 begann man, Bestände auszulagern. Juristisches Schrifttum der Universitätsbibliothek wurde nach Querfurt verbracht, ausgelagert wurden auch ca. 600 Bände des Instituts für Arbeitsrecht. Der Gesamtbestand des Rechtswissenschaftlichen Seminars blieb dagegen vor Ort.

Die Kriegswirren führten dazu, daß der Universitätsbetrieb im Februar 1945 praktisch zum Erliegen kam, wobei die offizielle Schließung der Universität am 25. April 1945 durch den amerikanischen Militärbefehlshaber erfolgte.

## 8. Die Bibliothek während der Besatzungszeit

Obwohl bereits im Juni Vorbereitungen zur Wiedereröffnung getroffen wurden, verzögerte sich dieses Vorhaben aufgrund der politischen Verhältnisse noch mehrere Monate. Nachdem die amerikanischen Truppen die von ihnen besetzten Gebiete Thüringens, Sachsens und des (heutigen) Sachsen-Anhalts vertragsgemäß geräumt hatten, ging am 1. Juli die Zuständigkeit auf die Sowjetische Militäradministration in Deutschland (SMAD) über. Mit deren Billigung konnte am 12. Juli der neu gewählte Rektor Prof. Dr. Otto Eißfeldt (1887–1973) in sein Amt eingeführt werden und wenige Tage später sollte die Wiedereröffnung der Universität erfolgen. Die bereits erteilte Genehmigung wurde jedoch kurzfristig zurückgezogen. Gleichzeitig forderte man Programme für die Vorlesungen, die Entfernung politisch belasteten Personals und die Säuberung der Bibliotheken von nationalsozialistischer und militaristischer Literatur.

Als besonders schwierig gestaltete sich dabei die Sekretierung der einschlägigen Literatur.[54] Die vom Rektor der Universität in Gang gesetzte Aussonderungsaktion sollte Anfang August beendet sein, bis dahin sollten die Werke unter Verschluß genommen und verzeichnet und die Verzeichnisse beim Leiter der Abteilung Volksbildung der SMAD eingereicht sein. Das Verfahren zog sich jedoch in die Länge. Da Listen des auszusondernden Schrifttums zunächst nicht existierten, war nicht klar, was zu deponieren war. Einen ersten Anhaltspunkt brachte eine am 28. Juli vom Leipziger Oberbürgermeister veröffentlichte Liste. Verwirrung stiftete ein SMAD-Befehl vom 15. September, wonach die Bände – entgegen der ersten Anordnung – abzuliefern seien. Die am 16. Juli eingesetzte Verwaltung der neu gebildeten Provinz Sachsen mit Sitz in Halle bestätigte jedoch der Universität, daß es bei der ursprünglichen Verfügung bleibe. Zwischenzeitlich fand eine Bestandsaufnahme aller Bibliotheken einschließlich deren Bestände durch die sowjetische Militärverwaltung statt. Im Oktober verlangte die SMAD dann eine Aufstellung über die am 9. Mai in den Bibliotheken vorhanden gewesenen und die inzwischen als faschistisch und militaristisch ausgesonderten Bücher. Ausge-

sondert waren zu diesem Zeitpunkt von 530 000 Bänden 8 000 in der Universitätsbibliothek und von 300 000 Bänden 6 300 in den dezentralen Bibliotheken, darunter 400 im Rechtswissenschaftlichen Seminar. Im Januar 1946 verfügte die SMAD, daß alle ausgesonderten Bücher in von der Stadtkommandantur zu versiegelnden Räumen aufzubewahren seien. Nun schien einem Neuanfang der Universität nichts mehr im Wege zu stehen. Am 1. Februar 1946 konnte die gesamte Universität einschließlich der Universitätsbibliothek nach einjähriger Zwangspause wieder eröffnet werden.

Im Juni 1946 traf die SMAD die Anordnung, daß die Universitätsbibliothek einen großen Raum für die Einrichtung eines nationalsozialistischen Archivs bereitzustellen habe. Maßgeblich für die Zusammenstellung sollte die im April 1946 von der Deutschen Zentralverwaltung für Volksbildung erstellte „Liste der auszusondernden Literatur" sein, die 13 223 Einzeltitel und rund 1 500 Zeitschriften umfaßte.[55] Zur gleichen Zeit hatte der Bibliotheksdirektor über den Rektor den Befehl der SMAD erhalten, das Vorhandensein von drei beanstandeten Werken im Magazin zu erklären. Folge seines mißlungenen Rechtfertigungsversuchs war, daß er aus dem Amt entfernt und die Universitätsbibliothek am 1. Juli 1946 abermals geschlossen wurde.

Nun setzte man seitens der Universitätsverwaltung eine Kommission ein, die dafür zu sorgen hatte, ein Archiv einzurichten, das lt. SMAD-Befehl 15 000 Bände umfassen sollte. Man entschloß sich, weil die Universitätsbibliothek nicht über entsprechende Räume verfügte, dafür den Gymnastikraum des Instituts für Körpererziehung in der Moritzburg zu nutzen. Da die Universitätsbibliothek größte Mühe hatte, diese Anzahl zu erbringen, wurden die Leiter der Seminarbibliotheken aufgefordert, ihrerseits zur Erfüllung der Forderung beizutragen. So sind denn auch aus dem Rechtswissenschaftlichen Seminar mehrere hundert juristische Bände (in einigen Fällen sicherlich nur vermeintlich) nationalsozialistischen Inhalts oder Tendenz in das Depot gelangt. Als eines Tages ein Mitarbeiter des Magazins nach dem Rechten sehen wollte, mußte er feststellen, daß das Schloß aufgebrochen worden war und sämtliche Bücher fehlten. Was mit ihnen geschehen ist, ist bis heute ungeklärt, zumal sofortige Nachforschungen aus naheliegenden Gründen unterblieben sind.

Ungeklärt ist ebenfalls, welche Bände des Seminars in das Depot verbracht worden sind, da Zugangsbücher, separate Kataloge, Vermerke auf Titelkarten oder ähnliches nicht mehr existieren. Anhand von Einzeltiteln läßt sich in einigen Fällen allerdings vermuten, daß sie dem Kontingent angehört haben dürften.

Anlaß zu einer Recherche hinsichtlich Handhabung und Verbleib unerwünschter Literatur, die in doppelter Hinsicht interessant ist, weil sie sowohl jüdische als auch nationalsozialistische Literatur betrifft, gab ein Fall, den Schwinge in seinen Lebenserinnerungen mitteilt.[56]

Der seit der Kaiserzeit gängige Kommentar zur Rechtsanwaltsordnung war der der jüdischen Brüder Adolf und Max Friedländer, der 1908 erschienen und 1920 sowie 1930 jeweils neu aufgelegt worden ist. Der seit dem 23. Juli 1934 an der hiesigen Fakultät als Honorarprofessor tätige Senatspräsident beim Ehrengerichtshof der Reichsrechtsanwaltskammer in Berlin, Rechtsanwalt und Notar sowie Generalinspekteur des nationalsozialistischen Juristenbundes Dr. Erwin Noack brachte 1934 als Gegenstück resp. Ersatz dazu einen „arischen" Kommentar heraus.[57] Einige Zeit nach Erscheinen des Buches mußte man allerdings feststellen, daß große Teile aus dem Friedländer einfach abgeschrieben worden waren. Noack hatte Referendare mit der Abfassung des Kommentars betraut und deren Arbeit wohl nicht kontrolliert. 1937 ist dann eine Neubearbeitung erschienen.

Im Bestand unserer Bibliothek sind von Friedländer die 2. und 3. Auflage nachgewiesen, wovon allerdings nur die 2. Auflage noch vorhanden ist. Die 3. Auflage vermerkt als Standort das Institut für Zivilrecht, welches mit Auflösung der Sektion zur Wendezeit aufgehört hat zu existieren. Wo das Buch verblieben ist, ist unbekannt. Das gilt auch für die 1. Auflage, wobei hier jedoch nicht auszuschließen ist, daß sie schon vor 1933 abhanden gekommen ist.

Nicht nachgewiesen sind dagegen die beiden Auflagen des Noackschen Kommentars, die mit Sicherheit zum Bestand des Rechtswissenschaftlichen Seminars gehört haben. Man kann mithin davon ausgehen, daß sie dem in der Moritzburg eingerichteten Archiv angehört haben.[58][59]

Nach Erfüllung der von der Militäradministration gestellten Bedingungen konnte die Universitätsbibliothek am 22. Oktober 1946 endgültig den Betrieb wieder aufnehmen.

## 9. Das Seminar unter sozialistischer Herrschaft

Mit Wiedereröffnung war (stellvertr.) Direktor Prof. Dr. Rudolf Schranil (1885–1956), ab dem Wintersemester 1947/1948 Prof. Dr. Hermann Mirbt (1891–1968). Ihm folgte im Sommersemester 1951 die seit dem 1. August 1950 amtierende Dekanin Prof. Dr. Gertrud Schubart-Fikentscher (1896–1985).[60] Sie war in Deutschland die erste Frau auf einem juristischen Lehrstuhl, erste Dekanin einer staats- und rechtswissenschaftlichen resp. rechtswissenschaftlichen Fakultät und erste geschäftsführende Seminardirektorin. In Halle ist sie in den beiden letztgenannten Funktionen die bisher einzige Frau geblieben.

Der politische Umbruch brachte es mit sich, daß zu der Zeit, als sie die Geschicke zu lenken hatte, eine völlige Neuorientierung in der Fakultäts- und Seminarorganisation erfolgt ist, Maßnahmen, mit denen sie oft nicht einverstanden war, die sie aber aufgrund der Mehrheitsverhältnisse zumeist nicht verhindern konnte.

So bedeutete der von dem Ökonomen und damaligen Prorektor und ab 2. Februar 1951 Rektor der Universität Prof. Dr. Rudolf Agricola (1900–1985) seit 1950 verfolgte Plan, eine Wirtschaftswissenschaftliche Fakultät zu gründen, gleichzeitig das Ende der seit 1914 bestehenden Rechts- und Staatswissenschaftlichen Fakultät. Seinem am 28. Oktober 1950 beim Ministerium für Volksbildung gestellten Antrag wurde von dem inzwischen eingerichteten Staatssekretariat für Hochschulwesen entsprochen, so daß am 7. Juni 1951 die gemeinsame Fakultät aufhörte zu existieren.

Mit diesem hochschulpolitisch bedeutsamen Ereignis ging gleichzeitig eine weitere Neuerung einher. Es wurden fünf juristische Fachinstitute gegründet, von denen drei mit jungen linientreuen Dozenten besetzt wurden, die gleichzeitig als kommissarische Institutsdirektoren fungierten.

Es waren dies zunächst die Institute für Staats- und Verwaltungsrecht unter der Leitung von Eva Lekschas, für Strafrecht unter der Leitung von John Lekschas und das von Karl-Heinz Schöneburg geführte Institut für Staats- und Rechtstheorie. Das Institut für Zivilrecht wurde von dem ehemaligen Stadtrechtsrat und jetzigen Ordinarius Prof. Dr. Hans Hartwig, das für Staats- und Rechtsgeschichte von Prof. Dr. Gertrud Schubart-Fikentscher geleitet. Es folgten später noch das Institut für Arbeitsrecht unter Erhard Pätzold, für Finanzrecht unter Prof. Dr. Hans Spiller und für LPG- und Bodenrecht, dem Dr. Gerhard Rosenau vorstand.[61]

Die Einrichtung der Institute mit jeweils einem amtierenden Direktor führte dazu, daß auch die bisherige Bibliotheksstruktur geändert werden mußte. Das Rechtswissenschaftliche Seminar wurde aufgelöst und in organisatorisch veränderter Form durch eine Fakultätsbibliothek ersetzt.

Die Umstrukturierung hatte als praktische Konsequenz zunächst einmal zur Folge, daß der gesamte Bestand des Staatswissenschaftlichen Seminars und Teilbestände des 1950 erloschenen Seminars für Genossenschaftswesen[62] zum Sitz der neuen Fakultät im ehemaligen Hotel „Stadt Hamburg", Große Steinstr. 73, wo sich Fakultät und Bibliothek noch heute befinden, transportiert werden mußten. Des weiteren wurde die gesamte „bürgerliche" juristische Literatur aus den beiden großen Lesesälen im 1. und 2. Obergeschoß in das zuvor von den Wirtschaftswissenschaften genutzte Kellergeschoß, in dem sich fortan – bis 1998 – auch die Bibliotheksverwaltung befand, verbracht. Diese Literatur blieb bis zum Umzug der Bibliothek in das Juridicum im Jahre 1998 magaziniert und war daher nur eingeschränkt zugänglich.

Die Gliederung nach Instituten machte zudem eine Neuaufteilung der Seminar- und Arbeitsräume erforderlich. Der Lesesaal Zivilrecht (2. Obergeschoß) wurde aufgelöst. Durch Einziehen von Trennwänden wurden drei Räume geschaffen und dem Institut für Staats- und Rechtsgeschichte zugewiesen. Der im 1. Obergeschoß gelegene Lesesaal Öffentliches Recht wurde nunmehr – und blieb es bis zur Wende – Lesesaal der Fakultätsbibliothek. Eingestellt wurden hier die allgemeine Studienliteratur und marxistisch-leninistische Grundlagenliteratur.

Der Lesesaal hatte eine Größe von 91 qm, 50 Arbeitsplätze standen zur Verfügung. Geöffnet war er montags bis freitags von 9 bis 18 bzw. 19 Uhr.

Die Ereignisse des Jahres 1951 bildeten den Auftakt zu einer ganzen Reihe von Maßnahmen, die dazu führten, daß die bis dahin (der Universitätsbibliothek gegenüber) autonome Bibliothek der Juristen im Laufe der nächsten Jahre ihre Selbständigkeit verlieren sollte.[63]

Bereits seit 1947 versuchte man – in der sowjetischen Besatzungszone intensiver als in den anderen Zonen – nach neuen Formen der Bibliotheksarbeit in allen Bereichen mit dem Ziel, das Bibliothekswesen effektiver zu gestalten, effektiver sowohl für die Nutzer als auch für die Bibliotheken selbst. Aus der bisher isoliert verlaufenden Entwicklung und Verwaltung der Universitätsbibliothek einerseits und den Seminar- und Institutsbibliotheken andererseits sollte hinsichtlich Organisationsform und Arbeitsweise ein Miteinander werden.

Der erste Schritt dazu war der Aufbau des Zentralkatalogs für Sachsen-Anhalt, mit dem die seit dem 26. Mai 1948 auch als Landesbibliothek fungierende Universitätsbibliothek beauftragt war. Durch Verfügung des Rektors vom 16. Dezember 1948 mußten sämtliche Neuzugänge der einzelnen Bibliotheken katalogmäßig erfaßt und der Zentrale gemeldet werden, die dann 1949 das große Projekt in Angriff nahm und über Jahrzehnte betreute.[64]

Wenig später begann man, bibliothekarisch ausgebildete Kräfte zunächst in den großen Seminarbibliotheken einzusetzen, die als Bindeglied zwischen Fakultät(sbibliothek) und Universitäts- und Landesbibliothek für eine intensive Erwerbungsabstimmung und ordnungsgemäße Bestandsverwaltung sorgen sollten. Die Auflösung der gemeinsamen Fakultät und die Einrichtung der fünf Institute ließ die Zeit auch für einen diesbezüglichen Neuanfang günstig erscheinen. So konnte noch im selben Jahr eine Bibliothekarin, Marianne Schultz, eingestellt werden, die in Absprache mit den Institutsdirektoren und dem/der Dekan/in der Juristischen Fakultät für die Anschaffungen der Institute und der Fakultätsbibliothek zuständig war. Fach- und dienstaufsichtsrechtlich war sie dem Direktor der Universitäts- und Landesbibliothek unterstellt.

Eine weitere Maßnahme zur Vereinheitlichung des Bibliothekssystems war die Einrichtung der Koordinierungsstelle[65] im Juni 1962, deren Aufgabe es war, die Erwerbungen von Zentrale und dezentralen Bibliotheken abzugleichen und noch enger abzustimmen. Über sie liefen die Auslandserwerbungen, vor allem der Kauf kontingentierter Literatur, und die Zeitschriftenneubestellungen. Einige Bibliotheken wickelten ihre gesamte Erwerbung über diese Stelle ab, nicht jedoch die Juristen, die die inländischen Monographien weiterhin selbst anschaffen konnten.

1969 wurde schließlich im Zuge der 3. Hochschulreform auch formell ein einheitliches Bibliothekssystem installiert. Die Anweisung Nr. 22/1969 des Ministeriums für Hoch- und Fachschulwesen (betr. Stellung, Aufgaben und Arbeitsweise des Bibliothekswesens und der wissenschaftlichen Information an den Hochschulen) legte fest, daß die Bibliothekseinrichtungen der Hochschulen eine Einheit im Verantwortungsbereich des Direktors der Hochschulbibliothek sind. Die bisherigen Fakultäts- und Institutsbibliotheken wurden zu Sektionsbibliotheken zusammengeführt, die als Zweigstellen der Universitäts- und Landesbibliothek fungierten.[66]

Tabelle 1

| Jahr | Bestand | Zugang |
|---|---|---|
| 1962 | 75 750 | 1518 |
| 1963 | 77 001 | 1108 |
| 1964 | 78 785 | 1784 |
| 1965 | 80 840 | 2053 |
| 1966 | 82 559 | 1910 |
| 1967 | 84 873 | 2283 |
| 1968 | 86 753 | 1606 |
| 1969 | 88 576 | 1725 |
| 1970 | 91 319 | 2157 |
| 1971 | 94 480 | 2875 |
| 1972 | 97 024 | 1846 |
| 1973 | 98 052 | 1465 |
| 1974 | 100 012 | 1714 |
| 1975 | 101 975 | 1963 |
| 1976 | 102 981 | 1703 |
| 1977 | 104 262 | 1586 |
| 1978 | 104 933 | 1416 |
| 1979 | 106 260 | 1336 |
| 1980 | 107 080 | 1527 |
| 1981 | 107 661 | 1194 |
| 1982 | 108 753 | 1121 |
| 1983 | 110 021 | 1377 |
| 1984 | 110 788 | 908 |
| 1985 | 111 922 | 1158 |
| 1986 | 113 250 | 1465 |
| 1987 | 113 865 | 952 |
| 1988 | 114 997 | 1158 |
| 1989 | 114 250 | 1114 |

Die offizielle Bezeichnung der hiesigen Einrichtung war nun „Bibliothek der Sektion Staats- und Rechtswissenschaft".

Eine noch engere Bindung an das „Mutterhaus" erfolgte 1975, als die Fachreferenten gleichzeitig als Leiter der Zweigbibliotheken eingesetzt wurden,[67] was man bei den Juristen allerdings nicht buchstabengetreu umgesetzt hat. Es fand zwar eine enge Absprache statt und der Fachreferent wurde bei grundsätzlichen Fragen konsultiert, die Leitung der Zweigbibliothek lag aber nach wie vor in den Händen der Bibliothekarin vor Ort. Leiterinnen waren nach Marianne Schultz von 1965/1966 bis 1987 Ilse Harz, von 1988 bis Ende 1996 Dorothea Rudolf, die dann das Fachreferat von Dr. Richard Zötzsche übernommen hat.

Wenden wir uns nun einmal der unter der sozialistischen Herrschaft verfolgten Erwerbungspolitik näher zu.

Die einzelnen Neuanschaffungen lassen sich anhand der geführten Zugangsbücher nachverfolgen, die allerdings nicht mehr komplett, sondern erst ab 1963 zur Verfügung stehen. Einzelerwerbungen sind dadurch detailliert nachweisbar, deren Aufführung würde indes den hier vorgesehenen Rahmen sprengen.

Weitere Aufschlüsse geben die jährlich erstellten Bibliotheksstatistiken, deren Bestands- und Zugangszahlen von 1962, dem ersten Jahr nach der endgültigen Abschottung des DDR-Regimes vom Westen, bis zur Wende folgendes Bild ergeben:[68][69] (Tabelle 1)

Eine Aufteilung der Zugänge entsprechend den damaligen politischen Machtblöcken und der Unterscheidung von sozialistischem und nichtsozialistischem Ausland ergibt folgende Erwerbungsanteile, die mangels besonderer „Ausreißer" bis kurz vor der Wende im 5-Jahres-Rhythmus dargestellt werden sollen (Tabelle 2).

Der Etat betrug 1962 und 1963 je ca. 20 000 Mark und stieg 1964 bis 1966 auf 27 000 Mark p.a. und 1967/1968 auf 32 000 Mark p.a., um 1969 die Höchstmarke von 35 000 Mark zu erreichen. Danach sank er 1970 auf 32 000 Mark und bewegte sich bis Ende der siebziger Jahre bei geringen Schwankungen um

| Jahr | Zugänge | DDR | West-D. | UdSSR | Volksdem. | übr. Ausld. |
|---|---|---|---|---|---|---|
| 1962 | 1518 | 1160 (76,42%) | 194 (12,78%) | 87 (5,73%) | 29 (1,91%) | 48 (3,16%) |
| 1965 | 2053 | 1624 (79,10%) | 328 (15,98%) | 30 (1,46%) | 35 (1,70%) | 36 (1,75%) |
| 1970 | 2157 | 1934 (89,66%) | 116 (5,38%) | 38 (1,76%) | 17 (0,79%) | 52 (2,41%) |
| 1975 | 1963 | 1568 (79,88%) | 251 (12,79%) | 91 (4,64%) | 18 (0,92%) | 35 (1,78%) |
| 1980 | 1527 | 1295 (84,81%) | 185 (12,12%) | 19 (1,24%) | 20 (1,31%) | 8 (0,52%) |
| 1985[70] | 1135 | 856 (75,42%) | 258 (22,73%) | 14 (1,23%) | 5 (0,44%) | 2 (0,18%) |
| 1988 | 1148 | 1055 (91,90%) | 78 (6,79%) | 7 (0,61%) | 5 (0,44%) | 3 (0,26%) |
| 1989 | 1106 | 898 (81,19%) | 172 (15,55%) | 21 (1,90%) | 11 (0,99%) | 4 (0,36%) |
| Durchschnitt bis 1989: | | (82,30%) | (13,02%) | (2,32%) | (1,06%) | (1,30%) |
| Zum Vergleich: | | | | | | |
| 1990 | 2970 | 148 (4,98%) | 2812 (94,68%) | 3 (0,10%) | 5 (0,17%) | 2 (0,07%) |

ca. 30 000 Mark, in den achtziger Jahren um ca. 28 000 Mark.

Es konnte in Anbetracht der geringen juristischen Buchproduktion und der relativ günstigen Buchpreise die gesamte rechtswissenschaftliche Literatur der DDR erworben werden. Darüber hinaus konnte auch Schriftgut angrenzender, ja auch weiter entfernter Wissenschaftsbereiche angeschafft werden, was ca. 30% des Zugangs ausmachte. Mehr als 10% hatten Politik und Politikwissenschaften zum Gegenstand, jeweils ca. 4–5% Marxismus-Leninismus und Wirtschaftswissenschaften. Die restlichen nicht juraspezifischen Anschaffungen betrafen Literatur (es wurden viele Romane gekauft), Buch- und Bibliothekswesen; Geschichte und Geschichtswissenschaften; Kultur, Wissenschaft, Volksbildung; Gesellschaftswissenschaften, Soziologie; Philosophische Wissenschaften, Psychologie; Militärwissenschaft, Militärwesen.

Trotz Ausweitung des Erwerbungsgebietes wurden die zur Verfügung stehenden Mittel oft nicht ausgeschöpft. In einigen Jahrgängen der Statistik findet sich der Vermerk der Bibliotheksleiterin, daß Ursache dafür Lieferschwierigkeiten der in der DDR ansässigen Verlage waren.

Fortlaufend gehalten wurden Mitte bis Ende der sechziger Jahre ca. 60 Zeitschriftentitel, ab 1972 bis zur Wende zwischen 99 und 111 in 180 bis 190 Exemplaren.[71] Ungefähr 20 Titel betrafen Zeitschriften aus der UdSSR und über den Gesamtzeitraum ziemlich konstant 32 bis 33 Titel bundesdeutsche Zeitschriften. Aus der Bundesrepublik bezogen wurden die gängigen allgemeinjuristischen sowie Spezialzeitschriften aus den unterschiedlichsten Rechtsgebieten, die Entscheidungssammlungen der Obersten Bundesgerichte und einige wenige Loseblattausgaben sowie Lieferungswerke.

Das zugewiesene Devisendeputat, seit den sechziger Jahren rund 7 000 Mark, war damit fast ausgeschöpft, so daß für Anschaffungen westdeutscher Monographien kaum Spielraum blieb. Konnte im Einzelfall dennoch etwas gekauft werden, handelte es sich entweder um juristische Standardliteratur oder um nichtjuristische Werke bestimmter Verlage. Westdeutsche Titel waren magaziniert. In einigen Büchern findet sich der Hinweis, sie wie

*Tabelle 2*

eine vertrauliche Dienstsache zu behandeln. Diese Werke waren nicht ausleihbar und standen nur einem bestimmten Personenkreis zur Verfügung. Als ein Beispiel sei die Monographie von Karl Wilhelm Fricke: Politik und Justiz in der DDR. Zur Geschichte der politischen Verfolgung 1945–1968. Bericht und Dokumentation, Köln 1979, genannt. Daß dieses Werk in unserer Bibliothek einmal in Freihand allgemein zugänglich aufgestellt sein würde, hätten damals selbst die größten Optimisten nicht für möglich gehalten.

*10. Der Neuaufbau der Bibliothek nach der Wiedervereinigung*[72]

Die Geschehnisse seit Frühjahr 1989 führten schließlich am 18. Oktober 1989 zur Amtsenthebung Honeckers und leiteten einen bis dahin nicht gekannten Reformprozeß in der DDR ein, an dessen Ende die Vereinigung der beiden deutschen Staaten stand. Zu jener Zeit überschlugen sich die Ereignisse, täglich gab es Veränderungen, die neben dem persönlichen Bereich der ehemaligen DDR-Bürger das gesamte Staats- und Gesellschaftswesen betrafen und eine völlige Neuorientierung erforderlich machten. Betroffen waren natürlich auch die Hochschulen und hier besonders die geisteswissenschaftlichen Sektionen, also auch die Juristen.[73]

Bei aller Ungewißheit, wie sich der in Gang gesetzte Reformprozeß letztendlich entwickeln würde, mußte – blicken wir auf die Hochschulen – der Studienbetrieb weitergehen. Immerhin waren zur Zeit des Umbruchs knapp zweihundert Jura-Student(inn)en an unserer Hochschule eingeschrieben, einige standen kurz vor dem Abschluß.

Beschränkte man sich zunächst darauf, die gesetzlichen Neuerungen des noch selbständigen Staates den Studierenden nahezubringen, begann man, als die Annäherung an die Bundesrepublik, ja – ab Frühjahr 1990 – die Wiedervereinigung absehbar war, das Rechtssystem der Bundesrepublik zu lehren. Denn allen war klar, daß damit das bundesdeutsche Recht auch auf dem hiesigen Territorium zur Anwendung gelangen würde und das Recht eines untergehenden Staates den künftigen Juristen nicht mehr vermittelt werden konnte. Die damals hier tätigen Dozenten haben versucht, den veränderten Verhältnissen nach besten Kräften Rechnung zu tragen. Sie lehrten ein Recht, das viele von ihnen selbst erst lernen mußten. Das galt besonders für das Öffentliche Recht, weniger für das Bürgerliche Recht, denn einige Professoren und Assistenten waren noch im BGB ausgebildet worden, das in seinen Grundstrukturen, wenn auch in einigen Bereichen entsprechend der sozialistischen Rechtsauffassung geändert, noch bis 1975 in der DDR gegolten hat.[74] So lief der Studienbetrieb zunächst in einigermaßen geordneten Bahnen weiter, bis sich die Regierung des inzwischen (wieder) entstandenen Landes Sachsen-Anhalt am 11./12. Dezember 1990 entschloß, die Sektion abzuwickeln. Die Studierenden wurden daraufhin vom Sektionsdirektor bis Anfang März in „verlängerte Weihnachtsferien" geschickt. Danach übernahmen auf Wunsch des Landes vorwiegend Göttinger Hochschullehrer den Lehrbetrieb. Etwa zur gleichen Zeit kamen Universität und Landesregierung überein, die Juristische Fakultät neu zu gründen. Kurz darauf nahm die Neugründungskommission unter dem Vorsitz des zum Gründungsdekan ernannten Prof. Dr. Hans-Ludwig Schreiber, später im Amt gefolgt von Prof. Dr. Dietrich Rauschning, ihre Tätigkeit auf. Nach mehr als zweijähriger intensiver Arbeit wurde die Fakultät am 1. Juli 1993 in einem feierlichen Akt wiedererrichtet.

Schon vor und dann parallel zum Neuaufbau der Fakultät vollzog sich der Neuaufbau der juristischen Bibliothek. Aus der Sektionsbibliothek wurde die Zweigbibliothek Rechtswissenschaft der Universitäts- und Landesbibliothek.

Bereits ab Frühjahr 1990 hatte sich auch die Bibliothek von einem auf den anderen Tag auf die neuen Gegebenheiten einzustellen. Wurde nun das bundesrepublikanische Recht gelesen, so mußte den Studierenden selbstverständlich die Möglichkeit gegeben werden, das in den Veranstaltungen Erlernte im Selbststudium aufzuarbeiten und zu vertiefen. Wie oben beschrieben, war aber außer einigen Zeitschriften und Entscheidungssammlungen so gut wie keine aktuelle westdeutsche (Studien-)literatur vorhanden, schon gar nicht in Mehrfachexemplaren. Also benötigte man dringend zumindest die gängigen Lehrbücher und Kommentare zu den angebotenen Rechtsgebieten. Da sich 1990 etatmäßig noch nichts verändert hatte, konnte man die Anschaffungen aus eigener Kraft nicht tätigen, sondern war auf Spenden „aus dem Westen" angewiesen. Die Hoffnungen wurden nicht enttäuscht. Von der damaligen Euphorie geleitet, kamen schon bald die ersten Buchspenden. Am Bibliotheksaufbau beteiligten sich Wissenschaftsstiftungen, parteinahe Stiftungen, Stiftungen der Wirtschaft, Verlage, Universitätsbibliotheken, Juristische Seminare, Institutsbibliotheken, Ministerialbibliotheken und auch Privatpersonen, wobei es sich bei letzten oft um ehemalige Studierende der alma mater halensis et vitebergensis gehandelt hat. Die ersten Sendungen enthielten vor allem Lehrbücher in großen Stückzahlen, in 20, 30 und mehr Exemplaren, wobei die Stiftungen und Verlage überwiegend aktuelle Studienliteratur, die Bibliotheken nicht mehr benötigte Vorauflagen zur Verfügung stellten. Schon bald reichten die Stellfläche und die vorhandenen Arbeitsplätze nicht mehr aus, so daß der Lesesaal vom Tho-

*Abb. 4 Löwengebäude*

masianum (1. Obergeschoß; heute Dozentenbibliothek Zivilrecht) in das 1. Obergeschoß des Löwengebäudes verlegt werden mußte (Abb. 4).

Da aufgrund der großzügigen Förderung des Bundes ab 1991 genügend Mittel zur Verfügung standen, konnte nun in großem Umfang damit begonnen werden, neben der weiterhin erforderlichen Ausbildungsliteratur auch Zeitschriften und erste Forschungsliteratur zu erwerben. Denn da bereits feststand, daß es auch künftig eine Juristische Fakultät in Halle geben würde, mußten nun auch die bibliotheksmäßigen Voraussetzungen für einen gut funktionierenden Forschungsbetrieb geschaffen werden. Dabei war das neu erscheinende Schrifttum nicht das Problem. Hauptproblem war, die zwischen 1945 und 1990 erschienene grundlegende westdeutsche Literatur zu bekommen, wie beispielsweise Habilitationsschriften, Festschriften, Standardwerke zu allen Rechtsgebieten, die in vielen Fällen nur in Erstauflage erschienen waren, und die Rückergänzung von Zeitschriften. Waren die Werke noch über den Buchhandel zu beziehen, konnten sie erworben werden, es war lediglich eine Frage des Geldes, das ja bereitstand, und der personellen Kapazitäten. Aber viele Werke waren inzwischen vergriffen, ja sogar auf dem Antiquariatsmarkt nicht einmal mehr zu bekommen. Trotz intensiver Bemühungen in den vergangenen Jahren lassen sich die Lücken im Bestand wohl auch künftig nicht mehr schließen.

Einer der „Erwerbungshöhepunkte" und ein für die daran Beteiligten auch heute noch einmaliges Erlebnis war der Einkaufsbesuch bei einem bekannten Antiquariat im Sommer 1993. Fachvertreter und Bibliotheksmitarbeiter hatten die Möglichkeit, die zum Verkauf bestimmten Bände vor Ort zu sichten und sofort auszuwählen. Innerhalb weniger Stunden wurden Zeitschriften und Monographien für eine Summe eingekauft, die von dem heute zur Verfügung stehenden Jahresetat nicht allzu weit entfernt ist. Da eine Dublettenprobe vor Ort natürlich nicht möglich war, wurde die Rückgabe bereits vorhandener Werke vereinbart, wobei die Rücklaufquote verhältnismäßig gering war.

Der Bestandsauf- und -ausbau kann statistisch wie in Tabelle 3 belegt werden.

Der Etat betrug 1991 ca. 302 000 DM, ab 1992 ca. 662 000 DM und konnte in den Folgejahren auf dieser Höhe gehalten bzw. unter Zuweisung von Berufungs-, Sonder- und Drittmitteln teilweise noch gesteigert werden. Der etatmäßige Höhepunkt wurde 1995 mit über einer Millionen DM erreicht. In den Folgejahren fiel er, zunächst noch auf hohem Niveau, kontinuierlich ab. Insgesamt sind bis heute umgerechnet weit über 4 Millionen EUR in den Bestandsauf- und ausbau geflossen.

Die Anzahl der laufend gehaltenen Zeitschriften konnte von 1991 bis 1999 ständig gesteigert werden, von 101 (1991) auf 288 (1999) Titel. Einen spürbaren Ein-

Tabelle 3

| Jahr | Bestand | Zugang |
|------|---------|--------|
| 1990 | 116 182 | 2970 |
| 1991 | 120 313 | 5829 |
| 1992 | 126 066 | 5821 |
| 1993 | 136 254 | 10 188 |
| 1994 | 155 718 | 17 972[75] |
| 1995 | 167 232 | 11 495 |
| 1996 | 173 209 | 7021 |
| 1997 | 182 096 | 8912 |
| 1998 | 189 942 | 8038 |
| 1999 | 198 366 | 8426 |
| 2000 | 202 735 | 5411 |
| 2001 | 207 447 | 4829 |
| 2002 | 211 353 | 4672 |
| 2003 | 216 189 | 4973 |

schnitt brachte eine notwendig gewordene Abbestellaktion im Jahre 2001, die zudem auch Loseblattausgaben erfaßt hat. 2002 wurden noch 263 Zeitschriften bezogen.

Zunächst wurden die Neuerwerbungen noch nach der von Kisch erstellten Systematik, die zu Zeiten der DDR mit einem Annex hinsichtlich marxistisch-leninistischer Literatur sowie sonstiger nichtjuristischer Teilgebiete versehen worden war, eingearbeitet. Wie damals auch in den westdeutschen Bibliotheken noch üblich, erfolgte die Aufnahme auf Titelkarten, die dann entsprechend der erforderlichen Anzahl vervielfältigt und in die Kataloge eingelegt worden sind. An Schreibtechnik standen im Frühjahr 1990 zur Verfügung: eine nicht voll funktionsfähige elektrische sowie drei mechanische Schreibmaschinen, Baujahr 1928, 1952 und 1955. Die grundlegende Neuerung trat erst 1991 mit der elektronischen Erfassung anhand modernster Computertechnik ein.

Es dauerte noch fast drei Jahre, bis man die Bücher und Zeitschriften nach einer neu erarbeiteten Systematik aufstellen konnte, da die alte natürlich einer modernen Aufteilung nicht mehr entsprach. Einerseits waren im westlichen Teil Deutschlands Rechtsgebiete entstanden, die in der DDR wenig oder gar nicht gepflegt oder gar aus gesellschaftspolitischen Gründen ignoriert wurden, andererseits war ein Großteil der Systemstellen überflüssig geworden. Man einigte sich, die Regensburger Systematik, die sich in vielen Bibliotheken bewährt hat, dafür als Basis zu nehmen und auf die Hallenser Bedürfnisse zuzuschneiden.

Da wegen der außerordentlich hohen Zahl der Neuzugänge und der ständig steigenden Zahl der Studierenden die Räumlichkeiten im Löwengebäude trotz mehrmaliger Erweiterung nicht mehr ausreichen, entschieden sich die Verantwortlichen Anfang 1993 dazu, das Strafrecht auszugliedern und dafür einen separaten Lesesaal einzurichten. Im Erdgeschoß des (ein Jahr später nach dem Straf- und Völkerrechtler benannten) Franz-von-Liszt-Hauses, in dem alle Strafrechtslehrstühle untergebracht waren und heute noch sind, wurde dann im Juni 1993 ein neuer Lesesaal eröffnet (Abb. 5). Der Umzug war spektakulär und medienwirksam. Es wurde eine Menschenkette von den Bibliotheksräumen im Löwengebäude über das Treppenhaus und den Universitätsplatz bis in die neuen Räumlichkeiten gebildet. Stattgefunden hat das im Anschluß an eine Strafrechtsvorlesung, so daß die Studierenden auch praktisch erfahren konnten, wie schwer es ist, mit strafrechtlicher Literatur umzugehen. Ob bei dieser Aktion sämtliche Bücher, die das Löwengebäude verlassen haben, in der neuen Bibliothek auch angekommen sind oder Bruchstellen

Abb. 5
Franz-von-Liszt-Haus

in der Kette gewesen sind, ist heute nicht mehr nachvollziehbar.

Der Lesesaal „Strafrecht" verfügte über 56 Arbeitsplätze in drei Räumen und brachte zunächst eine spürbare Entlastung. Es ist allerdings häufig vorgekommen, daß auch dieser Arbeitsbereich bis auf den letzten Platz besetzt war und arbeitswillige Studierende abgewiesen und auf einen späteren Zeitpunkt vertröstet werden mußten.

Ab Juli 1993 wurde die Bibliothek „Rechtsgeschichte" im Advokatenweg 37 eingerichtet. Diese Bücher befanden sich seit Beginn der fünfziger Jahre im Institut für Rechtsgeschichte und wurden kurz nach der Wende in Kisten verpackt und in der Fakultät zwischengelagert. Die Universitäts- und Landesbibliothek hat Regale und Mobiliar für ca. 15 Arbeitsplätze zur Verfügung gestellt, so daß diese Spezialbibliothek mit Berufung des Rechtshistorikers Prof. Dr. Heiner Lück den Betrieb aufnehmen konnte. Durch eine über drei Jahre laufende Förderung der Deutschen Forschungsgemeinschaft Mitte der neunziger Jahre in Höhe von insgesamt 180 000 DM konnte der Bestand innerhalb kurzer Zeit aktualisiert und hervorragend ausgebaut werden. Nach Aufgabe des Hauses durch die Fakultät befindet sich diese Einrichtung heute am Universitätsring 4 und ist Teil der Zweigbibliothek Rechtswissenschaft.

Die folgenden Jahre galten dem Ausbau der Bibliothek, der gemächlichen Erweiterung der Raumkapazitäten im Rahmen des Möglichen sowohl hinsichtlich der Arbeitsplätze als auch der Stellfläche und der Öffnungszeiten. Im Sommer 1998 standen im Löwengebäude 126 Arbeitsplätze zur Verfügung, mit den Bibliotheken „Strafrecht" und „Rechtsgeschichte" mithin knapp 200. Die Öffnungszeiten betrugen für die beiden erstgenannten montags bis freitags 8 bis 21 Uhr, samstags 8 bis 13 Uhr.

Teilumzüge und Auslagerungen wenig benötigten Schriftgutes (in das Kellergeschoß des Gebäudes Universitätsring 2) waren für die Mitarbeiter kein Fremdwort. In vermehrtem Umfang galt das auch für Rückaktionen. Seit Frühjahr 1998 waren die Kapazitäten des Lesesaales im Löwengebäude und sämtlicher Magazine vollends erschöpft, so daß die Mitarbeiter die Neuzugänge auf dem Fußboden oder auf Tischen, was natürlich auf Kosten der Arbeitsplätze ging, lagern mußten. Aufgrund dieses untragbaren Zustandes warteten alle auf die Fertigstellung der neuen Bibliothek im Juridicum (Abb. 6).

Hinsichtlich der jetzigen Unterbringung der Bibliothek wird auf den hier erneut abgedruckten Aufsatz des Verfassers verwiesen.⁷⁶

Mit Bezug der neuen Räumlichkeiten konnten auch die Öffnungszeiten wesentlich erweitert werden, montags bis samstags von 8.00 bis 23.00 Uhr, sonntags von 14.00 bis 23.00 Uhr. Seit dem 12. März 2003 sind sie nochmals um täglich zwei Stunden auf 1.00 Uhr verlängert worden. Öffnungszeiten sind zwar nicht der alleinige Gradmesser der Leistungsfähigkeit

*Abb. 6 Juridicum*

einer Bibliothek, jedoch der am leichtesten prüfbare und auch angreifbare.

Der neue Standort hat sich bewährt. Das größte Problem bereitete allerdings der im Lesesaal und den Diensträumen verlegte Teppichboden, an dem bereits nach wenigen Monaten die ersten Schäden sichtbar wurden. Die Neuverlegung bei kompletter Räumung der Bibliothek erfolgte vom 3. September bis 16. November 2004. Zur Aufrechterhaltung des Studienbetriebs wurde eine Interimsbibliothek im Erdgeschoß des Juridicums eingerichtet. 10% des Bestandes konnte dort untergebracht werden, der übrige Bestand wurde bei einer Spedition eingelagert.

Bibliotheksbeauftragte seit Wiedererrichtung der Juristischen Fakultät waren die ordentlichen Prof.es. Dr.es. Hans Lilie (bis 1995), dann bis Ende 1996 Walter Pauly (jetzt Friedrich-Schiller-Universität Jena) und bis 1999 Heiner Lück. Sie haben dieses Amt mit Übernahme anderer Aufgaben in der akademischen Selbstverwaltung oder des noch arbeitsintensiveren Dekanats bzw. Annahme eine Rufes aufgegeben. Seit dem Wintersemester 1999/2000 amtiert Prof. Dr. Armin Höland.

Seit 1990 haben neben studentischen Hilfskräften unzählige Aushilfen im Rahmen von Arbeitsbeschaffungsmaßnahmen oder Sozialprogrammen in der Zweigbibliothek gearbeitet, einige nur ein paar Tage, andere haben uns über mehrere Jahre unterstützt.

Gegenwärtig sind neben dem Autor in der Zweigbibliothek Rechtswissenschaft beschäftigt: Karola Herz, Sabine Kutzner, Helga Neumann, Christiane Räbiger und Annegret Staudte sowie fünf studentische Hilfskräfte, die neben Mitarbeitern einer Wachschutzfirma die großzügigen Öffnungszeiten außerhalb der regulären Dienstzeiten garantieren.

**Anmerkungen**

[1] Guido Kisch: Das juristische Seminar an der Universität Halle-Wittenberg im 75. Jahre seines Bestehens, Halle (Saale) 1928; Neudruck in diesem Band S. 85–95. Der Rechenschaftsbericht ist auch veröffentlicht in der Chronik der Preußischen Vereinigten Friedrichs-Universität Halle-Wittenberg für den Zeitraum vom 12. Juli 1927 bis 12. Juli 1928 (erschienen: Halle 1929). Auf diese Abhandlung wird im vorliegenden Beitrag immer wieder Bezug genommen, so daß der Verfasser allgemein darauf verweist.

[2] Lieselotte Jelowik: Tradition und Fortschritt. Die hallesche Juristenfakultät im 19. Jahrhundert, Köln u. a. 1998, S. 246 ff.

[3] Herangezogen wurden ferner die im Universitätsarchiv Halle (im folgenden: UAH) lagernden Akten betr. das Juristische Seminar (Rep. 23 Nr. 164, Rep. 6 Nrn. 1169 und 1170), die den Zeitraum von 1865 bis 1937 erfassen, sowie Rep. 23 Nr. 190 b für die Jahre 1949 bis 1952. Die Ministerialakte über die Errichtung des Juristischen Seminars, die den Zeitraum von 1835 bis 1934 erfaßt (GStA Berlin-Dahlem; Rep. 76 V a Sekt. 8 Tit. X Nr. 33) gilt, wie eine neuerliche Anfrage unter Bezugnahme auf den Hinweis von Lieselotte Jelowik (wie Anm. 2, S. 247, Fn. 1405) ergeben hat, nach wie vor als vermißt.

[4] Verwendet wurden die Chroniken der Königlichen, später Preußischen Vereinigten Friedrichs-Universität Halle-Wittenberg (ab 1933 Chronik der Martin-Luther-Universität Halle-Wittenberg in Halle (Saale)) für den Zeitraum vom 1. April 1904 bis 31. März 1936; veröffentlicht 1905 bis 1937. Die Berichte nennen die Mitgliederzahlen, die täglichen Nutzerzahlen, den Gesamtbestand, den Zugang, den Zeitschriftenbestand mit Zu- und Abgängen, den Dissertationenbestand, Angaben zu Katalogarbeiten sowie Spender.

[5] Der Verfasser sieht demgemäß seinen Beitrag lediglich als erste Bestandsaufnahme, die in vielerlei Hinsicht noch lückenhaft ist und durch weitere Aktenrecherchen übergeordneter oder zentraler Stellen ergänzt und evtl. korrigiert werden muß, Recherchearbeiten, die in Anbetracht der zur Verfügung stehenden Zeit nicht geleistet werden konnten.

[6] Ich danke an dieser Stelle meinen Kolleginnen und Kollegen Heidrun Anders († 30. Oktober 2004), Karola Herz, Sabine Kutzner, Helga Neumann, Christiane Räbiger, Dorothea Rudolf, Annegret Staudte, Dr. Walter Müller und Wolfgang Starke sowie Frau Regina Haasenbruch vom Universitätsarchiv, Herrn Professor Dr. Dr. h.c. Rolf Lieberwirth und Herrn Rechtsanwalt Dr. habil. Uwe Richter für wertvolle Hinweise und Informationen. Herrn Eddie Weikert danke ich für die Fotos.

⁷ Vgl. dazu Jelowik (wie Anm. 2), S. 246 ff.

⁸ Ebd., S. 248.

⁹ Vgl. den bei Kisch wörtlich wiedergegebenen Bericht des damaligen Dekans Hermann Fitting (1831–1918), den dieser 1873 auf Ersuchen der Universität Prag abgegeben hat.

¹⁰ Da hier die Entwicklung der Bibliothek aufgezeigt werden soll, wird dem von Fitting geschilderten weiteren Verlauf der reformierten Übungen „im juristischen Seminar" nicht weiter nachgegangen (Nachdruck, hier S. 91–93). Bis heute wird die Bezeichnung „Seminar" synonym sowohl für ein Hochschulinstitut mit entsprechenden Räumlichkeiten und Ausstattung als auch für eine (akademische) Lehrveranstaltung verwendet. Obwohl es korrekt „Bibliothek des Juristischen Seminars" heißt/heißen müßte, wird im weiteren meist vom „Juristischen Seminar" die Rede sein, wobei selbstverständlich die (Seminar-) Bibliothek (als Einrichtung) gemeint ist.

¹¹ 1844 betrug der Bestand 80 000 Bände, 1875 umfaßte er 100 000 Bände, vgl. Walter Müller: Chronik zur Geschichte der Bibliothek, in: Walter Müller/Heiner Schnelling (Hg.): Die denkmalpflegerische Restaurierung des Hauptgebäudes der Universitäts- und Landesbibliothek Sachsen-Anhalt in Halle, Halle 2000, S. 75, hier S. 77 f.

¹² Der heutige historische Bestand beträgt 9072 Titel (Erhardt Mauersberger: Universitäts- und Landesbibliothek Sachsen-Anhalt: Bestandsbeschreibung, in: Bernhard Fabian (Gesamthg.): Handbuch der historischen Bestände in Deutschland, Bd. 22: Sachsen-Anhalt, hg. von Friedhilde Krause. – Hildesheim, Zürich, New York 2000, S. 50). Darunter sind Werke vom Beginn des Buchdrucks bis zum Ausgang des 19. Jahrhunderts zu verstehen. Rechnet man das Verhältnis Titel : Bände mit 1 : 2,2 hoch (so die Schätzung des ehemaligen Bibliotheksdirektors Otto Hartwig (1830–1903) in einem Bericht zur Neukatalogisierung des Bestandes der Universitätsbibliothek aus dem Jahre 1876, vgl. Fritz Juntke: Die Katalogreform der Universitätsbibliothek zu Halle an der Saale durch Otto Hartwig, Halle 1967, S. 14), so verfügt die Universitäts- und Landesbibliothek heute über ca. 20 000 juristische Bände des besagten Zeitraums.

¹³ Walter Müller: Kurze Geschichte der Universitäts- und Landesbibliothek Sachsen-Anhalt, in: Walter Müller/Heiner Schnelling (wie Anm. 11), S. 9 ff. (11, 16).

¹⁴ Vgl. dazu Jelowik (wie Anm. 2), S. 251.

¹⁵ Ralf-Torsten Speler: Von Nutzen und Vergnügen. Aus dem Kupferstichkabinett der Universität Halle, Halle 1999, S. 15, 25.

¹⁶ Jelowik (wie Anm. 2), S. 251.

¹⁷ Diese Regelung bestand seit 1872. Besonders intensiv hat sich der mehrmalige Dekan Geh. Justizrat Prof. Dr. Hermann Fitting (1831–1918; in Halle von 1862 bis zu seiner Emeritierung 1902) für das Seminar eingesetzt.

¹⁸ Zum Kriminalistischen Seminar, vgl. Jelowik (wie Anm. 2), S. 252 ff.

¹⁹ So war denn auch Franz von Liszt einer der Wegbereiter und Ideengeber des 1938 gegründeten Max-Planck-Instituts für ausländisches und internationales Strafrecht in Freiburg i. Br., vgl. Hans-Heinrich Jescheck: Das Institut für ausländisches und internationales Strafrecht in Freiburg i. Br. 1938–1963, Berlin 1963, S. 7 ff.

²⁰ Vgl. Amtliches Verzeichnis des Personals und der Studierenden auf der Königlichen Vereinigten Friedrichs- Universität Halle–Wittenberg, Halle (Saale), hier ab 1903 ff.

²¹ Rolf Lieberwirth: Der Lehrkörper der Rechts- und Staatswissenschaftlichen Fakultät an der Universität Halle–Wittenberg zwischen den beiden Weltkriegen. Ein erster zusammenfassender Überblick, in: Walter Pauly (Hg.): Hallesche Rechtsgelehrte jüdischer Herkunft, Köln u. a. 1996, S. 11–31, hier S. 15. Für das Staatswissenschaftliche Seminar wird irrtümlich 1892 als Gründungsjahr angegeben. Zum Seminar für Genossenschaftswesen vgl. die Aufsatzreihe von Artur Meurer und Arnd Schmidt: Das Genossenschaftswesen in Lehre und Forschung an der Halleschen Universität, in: scientia halensis 1/1994, S. 22 f.; 2/1994, S. 30 f.; 3/1994, S. 28 f. (jeweils Meurer); 4/1994, S. 30 ff. (Schmidt).

²² Vgl. Rechenschaftsberichte Juristisches/Rechtswissenschaftliches Seminar, in: Chronik der Königlichen bzw. Preußischen Vereinigten Friedrichs-Universität Halle–Wittenberg für den Zeitraum vom 1. April 1914 bis zum 31. März 1915, S. 58 und vom 1. April 1916 bis zum 12. Juli 1926 (Halle 1928), S. 138.

²³ Rechenschaftsbericht Rechtswissenschaftliches Seminar, in: Chronik der Preußischen Vereinigten Friedrichs-Universität Halle–Wittenberg für den Zeitraum vom 1. April 1916 bis zum 12. Juli 1926, S. 138.

²⁴ Vgl. Neudruck in diesem Band S. 85–91.

²⁵ Der Fortgang der Arbeiten wird in den jeweiligen Rechenschaftsberichten für die Chronik ab 1928 mitgeteilt.

²⁶ Rolf Lieberwirth: Rudolf Joerges, der Gründer des Instituts für Arbeitsrecht an der Martin-Luther-Universität Halle–Wittenberg, in: Martin-Luther-Universität Halle–Wittenberg 1817–1967. Festschrift anläßlich des 150. Jahrestages der Vereinigung der Universitäten Wittenberg und Halle, Halle (Saale) 1967, S. 241–248, hier S. 245 f.

²⁷ Vgl. Rechenschaftsbericht Rechtswissenschaftliches Seminar, in: Chronik der Preußischen Ver-

28 einigten Friedrichs-Universität Halle-Wittenberg für den Zeitraum vom 12. Juli 1929 bis zum 12. Juli 1930 (Halle 1931), S. 34 f.
28 Signaturen XXI J: XXI ist nach der damaligen Systematik dem Arbeitsrecht zugewiesen, J kennzeichnet den Lehrstuhlinhaber.
29 RGBl I, S. 83.
30 RGBl I, S. 141 = Gesetz zur Behebung der Not von Volk und Reich.
31 RGBl I, S. 175.
32 RGBl I, S. 225.
33 REMErl. WA 3270 ZIIa vom 8. Dezember 1938, in: RM in AmtsblDtschWiss 4 (1938), S. 550.
34 Vgl. die Mitteilung in DJZ 1933, Sp. 679.
35 Über seine Zeit in Halle, sein Leben, die Beziehungen zu Hallenser Kollegen, Tätigkeiten und Veröffentlichungen aus diesen Jahren, vgl. die Lebenserinnerungen Kischs: Der Lebensweg eines Rechtshistorikers, Sigmaringen 1975, S. 84 ff. Siehe auch Heiner Lück: Der Rechtshistoriker Guido Kisch (1889–1985) und sein Beitrag zur Sachsenspiegelforschung, in: Walter Pauly (wie Anm. 21), S. 53–66. und Anhang S. 93–116., der sich sowohl mit der wissenschaftlichen Reputation als auch dem persönlichen Schicksal Kischs während und nach der nationalsozialistischen Zeit auseinandersetzt.
36 Langer, Professor für Staats- und Verwaltungsrecht, hat nach seiner Emeritierung noch mehrere Jahre die Handschriftenabteilung der Universitäts- und Landesbibliothek geleitet und sich dort große Verdienste erworben. Er hat den Gesamtbestand an Inkunabeln sowohl der ULB als auch der Hauptbibliothek der Franckeschen Stiftungen erfaßt.
37 Erich Schwinge: Ein Juristenleben im zwanzigsten Jahrhundert, Hg. von Ursula Schwinge Stumpf, Frankfurt am Main 1997, S. 39.
38 Jutta Krekeler: Die Universitätsbibliothek Halle an der Saale während des Dritten Reiches. Hausarbeit zur Prüfung für den höheren Bibliotheksdienst. Fachhochschule Köln, Fachbereich Bibliotheks- und Informationswesen, 1998, S. 63 ff. In anderen Universitätsstädten kam es gleichwohl zu Übergriffen auch auf wissenschaftliche Bestände, wie die Beispiele bei Hans-Gerd Happel: Das wissenschaftliche Bibliothekswesen im Nationalsozialismus. Unter besonderer Berücksichtigung der Universitätsbibliotheken, München u. a. 1989, S. 79 f., dokumentieren.
39 Die Erlasse befinden sich in den Akten UAH Rep. 6, Nr. 1018. Erlaß vom 8. Juni 1933 – U I 21537 II; vom 17. September 1934 – U I 22733/34 (nur Bezugnahme); vom 3. April 1935 – W I e Nr. 828. Vgl. zu den Erlassen und deren Umsetzung auch Krekeler (wie Anm. 38), S. 66 ff.; Happel (wie Anm. 38), S. 85 ff.
40 Mit ihm war das Preußische Ministerium für Wissenschaft, Kunst und Volksbildung vereinigt worden, vgl. Horst Göppinger: Juristen jüdischer Abstammung im „Dritten Reich". Entrechtung und Verfolgung, 2. Aufl., München 1990, S. 146, Fn. 41.
41 Happel (wie Anm. 38), S. 86 ff.
42 UAH Rep. 6, Nr. 1018 – W I a 2305.
43 Zum unterschiedlichen Umgang mit in Lesesälen stehender Rechtsliteratur, Happel (wie Anm. 38), S. 89 f.
44 Krekeler (wie Anm. 38), S. 69, 74.
45 Der Anteil ausländischer Zeitschriften betrug Ende der zwanziger/Anfang der dreißiger Jahre zwischen 10 und 20% des laufenden Zeitschriftenbestandes.
46 Zur Erwerbung von Auslandsliteratur, vgl. Happel (wie Anm. 38), S. 67 ff.
47 Zur Zensurmaschinerie, vgl. Göppinger (wie Anm. 40), S. 138 ff.
48 In den ersten sechs Monaten 1937 wurden 40–60% der neu erschienenen Rechtsliteratur als „politisch bedenklich" abgelehnt, d. h. verboten, vgl. Göppinger (wie Anm. 40), S. 147.
49 Ebd., S. 148 f.
50 Ebd., S. 157.
51 UAH Rep. 6, Nr. 1018. Erlaß vom 23. Februar 1935 – W I e Nr. 387. Der Rechtsanwalt Dr. Heinz Schwenk war bis zu seiner Beurlaubung 1933 Assistent an der Universität Breslau.
52 Durch Vermittlung eines Hochschullehrers (Prof. Dr. Schmidt) ist dem Seminar allerdings ein zusätzlicher erheblicher Geldbetrag, dessen Höhe unbekannt ist, zur Verfügung gestellt worden.
53 Happel (wie Anm. 38), S. 97 f.
54 Brigitte Scheschonk: Die Entwicklung der Universitäts- und Landesbibliothek Sachsen-Anhalt in Halle (Saale) von 1945 bis 1983, Halle (Saale) 1989, S. 14 ff.; Erwin Marks: Die Entwicklung des Bibliothekswesens der DDR, Leipzig 1987 (Beiheft 94 zum Zentralblatt für Bibliothekswesen), S. 32 ff.
55 Nachträge erschienen 1947, 1948 und 1953.
56 Schwinge (wie Anm. 37), S. 48 f.
57 Hochgelobt von Roland Freisler in seiner Besprechung in DJ 1935, S. 78.
58 Nachgewiesen sind beide Auflagen im Bestand der Universitätsbibliothek als deren Exemplare. Die Titelkarten befinden sich im sog. „Rot-Kreuz-Katalog", so bezeichnet, weil sich auf den Karten ein rotes Kreuz befindet (so auch vermerkt im Hartwigschen Realkatalog). Das sind die von der Universitätsbibliothek in die Moritzburg eingebrachten Bestände.
59 Die Säuberung war natürlich nicht vollkommen. Viele nach den damaligen Kriterien als aus-

60 sonderungsbedürftig zu bezeichnende Schriften sind im Bestand geblieben.

60 Zu Leben, Werk und den gravierenden Veränderungen unter ihrem Dekanat, vgl. Rolf Lieberwirth: Gertrud Schubart-Fikentscher (1896-1985), in: ders. (Hg.): Rechtsgeschichte in Halle, Gedächtnisschrift für Gertrud Schubart-Fikentscher (1896-1985), Köln u. a., 1998, S. 1–10.

61 Namen und akademische Grade sind dem damaligen Vorlesungsverzeichnis entnommen. Einige Institutsdirektoren haben später die Promotion und Habilitation nachgeholt.

62 Weitere Teilbestände haben die Juristische Fakultätsbibliothek und die Hochschule für Verkehrswesen in Dresden übernommen.

63 Zur Entwicklung des Verhältnisses Universitäts- und Landesbibliothek/Fakultäts- und Institutsbibliotheken, vgl. Scheschonk (wie Anm. 54), S. 40 ff. und Heiner Schnelling: Universitätsbibliothek, Landesbibliothek, Juristische Seminarbibliothek, Zweigbibliothek Rechtswissenschaft, hier S. 43–58.

64 Zum Zentralkatalog, vgl. Scheschonk (wie Anm. 54), S. 25.

65 Vgl. ebd., S. 41.

66 Vgl. Marks (wie Anm. 54), S. 121.

67 Vgl. Scheschonk (wie Anm. 54), S. 55.

68 Herangezogen wurden die in der Universitäts- und Landesbibliothek archivierten Statistiken, die an das Ministerium für Hoch- und Fachschulwesen gemeldet worden sind. Im Jahrbuch der Bibliotheken; Archiv- und Dokumentationsstellen (später Informationsstellen bzw. Informationseinrichtungen) der Deutschen Demokratischen Republik werden teilweise andere Zahlen angegeben (betr. vor allem die Jahre 1964 bis 1967).

69 Hier nicht wiedergegeben sind die ausgeschiedenen Einheiten, was beim Bestand des Folgejahres die Differenz nach unten erklärt. Die Zahlen schwanken in den siebziger/achtziger Jahren zwischen 1 und 745 (1978). Auffallend sind die Aussonderungen 1989 und 1990 (s. u.) mit 1853 bzw. 1038 Einheiten. Differenzen nach oben ergeben sich u. a. durch spätere Zeitschrifteneinbindungen, aber auch durch Änderungen der statistischen Erfassung, Rechenfehler und sonstige Unstimmigkeiten in den jeweiligen Statistiken, die nicht immer mehr nachvollziehbar sind.

70 Die Differenzen in 1985, 1988 und 1989 ergeben sich durch hauseigene Übersetzungen, die bei den Zugängen in Tabell 1 mitgezählt worden sind, nicht jedoch bei der Aufschlüsselung des Herkunftslandes.

71 Davon allein beide Teile des Gesetzblatts der DDR in mehr als je 10 Exemplaren.

72 Zu den Ereignissen um die deutsche Einheit, vgl. Michael Kilian: Der Vorgang der deutschen Wiedervereinigung, in: Josef Isensee/Paul Kirchhof (Hg.): Handbuch des Staatsrechts der Bundesrepublik Deutschland, Bd. I: Historische Grundlagen, 3. Aufl., Heidelberg 2003, § 12 (S. 597–667).

73 Mehrere Professoren, die (in einem Fall auch vor) nach der Wende in Halle gelehrt haben bzw. heute noch lehren und an der Wiedererrichtung der Juristischen Fakultät maßgeblich beteiligt waren, haben über die vorgefundene Situation und die frühe Aufbauphase unter Schilderung ihrer Eindrücke, Erlebnisse und Erfahrungen berichtet. Auswahlweise sei verwiesen auf: Erwin Deutsch: Die Abwicklung und die Evaluierung der Juristischen Sektion der Universität Halle; Jürgen Costede: Diplomstudium und Universitätsabschluß der Jurastudenten an der Martin-Luther-Universität Halle-Wittenberg im Umbruch, beide in: Jürgen Goydke u.a. (Hg.): Vertrauen in den Rechtsstaat. Beiträge zur deutschen Einheit im Recht. Festschrift für Walter Remmers, Köln u. a. 1995, S. 317–330, 331–344; Hans Joachim Hirsch: Der Wiederaufbau der Juristischen Fakultäten in den neuen Bundesländern, in: Hans-Heiner Kühne (Hg.): Festschrift für Koichi Miyazawa. Dem Wegbereiter des japanisch-deutschen Strafrechtsdiskurses, Baden-Baden 1995, S. 345–361 und die Beiträge von Michael Kilian: Mein Anfang als Staatsrechtsprofessor in Halle und Sachsen-Anhalt im Jahre 1991/92; Jürgen Costede: Ein Rückblick auf 5 Jahre Aufbauarbeit (1991 bis 1995) in Halle und Wittenberg; Gerfried Fischer: Neun Jahre Zivilrechtsprofessor in Halle; Rolf Lieberwirth: Die Wende und der Unruhestand eines Emeritus, alle in: Michael Kilian (Hg.): Sachsen-Anhalt. Land der Mitte – Land im Aufbau. Die Entstehung eines neuen Bundeslandes in Erlebnisberichten, Bad Honnef 2002, S. 11–56, 101–115, 153–161, 257–268.

74 Tiefgreifende Veränderungen gab es beispielsweise im Eigentums- und Familienrecht. Das am 1. April 1966 in Kraft getretene Familiengesetzbuch vom 20. Dezember 1965 hat das 4. Buch des BGB ersetzt.

75 Darin enthalten 9 261 Mikrofiches.

76 Vgl. S. 37–41.

# Die Zweigbibliothek Rechtswissenschaft im neuen Juridicum der Martin-Luther-Universität Halle–Wittenberg*

Karl-Ernst Wehnert

## 1. Anlaß/Bauidee

Schon kurz nach der Wende (1989/90) wurde deutlich, daß die bis dahin vorhandenen Räumlichkeiten der damaligen Sektion Staats- und Rechtswissenschaft den Anforderungen an den künftigen Lehrbetrieb nicht würden genügen können. So war man sich relativ schnell einig, für die neu zu gründende Fakultät (was am 1. Juli 1993 geschehen ist) und deren Bibliothek, die eine Zweigbibliothek der Universitäts- und Landesbibliothek Sachsen-Anhalt ist, einen Neubau, ein Juridicum zu errichten.

Nach längerer Vorplanung – vor allem hinsichtlich der Absteckung des finanziell Machbaren – wurde 1993 ein Architektenwettbewerb ausgeschrieben, den 1994 das Kölner Architekturbüro van den Valentyn und Schulz für sich entschied. Nach weiteren Verzögerungen, wiederum vor allem hinsichtlich der Finanzierung, aber auch aufgrund stadtarchäologischer Grabungen, konnten die Bauarbeiten dann im November 1996 beginnen; die Grundsteinlegung erfolgte am 19. März 1997. Die anfänglichen Hemmnisse wurden nun mehr als wettgemacht, so daß der Neubau bereits zum 1. Juli 1998, also nach rund 20 Monaten, bezugsfertig war.

Nach jahrelangem Provisorium und mehrfacher bescheidener Erweiterung der Räumlichkeiten konnte die Zweigbibliothek Rechtswissenschaft im gesamten Monat Juli ihre Bestände aus insgesamt sieben Standorten einbringen, so daß die Bibliothek am 3. August 1998 eröffnet werden konnte. Gut drei Monate nach Nutzungsbeginn fand dann am 19. Oktober die offizielle Einweihung des rund 34 Millionen Mark teuren Gebäudes statt.

Dieses umrahmt mit dem Melanchthonianum, dem Thomasianum, dem Löwengebäude, dem Robertinum und dem im vergangenen Jahr eingeweihten Auditorium maximum den Universitätsplatz und paßt sich optisch der vorhandenen klassizistischen Bausubstanz hervorragend an (die Fertigstellung des Löwengebäudes erfolgte 1832, die der anderen Gebäude um die vorletzte Jahrhundertwende).

## 2. Raumkonzept

Herzstück des großzügigen und architektonisch wohl unumstrittenen Neubaus ist die Zweigbibliothek Rechtswissenschaft mit dem Computerpool. Des weiteren befinden sich in dem neuen Komplex zehn Lehrstühle der Juristischen Fakultät, zwei Seminarräume sowie ein Prüfungsraum. Die Bibliothek ist in einem gläsernen Quader untergebracht, wobei die fünf Ebenen des Lesesaales terrassenförmig angeordnet

---

* Erstveröffentlichung in: Bibliothek. Forschung und Praxis 2003, S. 93–95

sind. Unter den jeweiligen Terrassen befinden sich die Bücherregale, auf den Freiflächen die Arbeitsplätze.

Die Bibliothek hat eine Nutzfläche von rund 2 800 qm, wobei jeweils etwa 100 qm als Magazin (separat im Kellergeschoß) und Verwaltungsräume genutzt werden, und rund 225 qm für den Computerpool zur Verfügung stehen, so daß die Lesesaalfläche ca. 2 400 qm beträgt. Verwaltung und Computerpool befinden sich in einem dem Quader seitlich beigestellten Raumkörper mit dreieckigem Grundriß.

Den Studierenden stehen 284 Arbeitsplätze zur Verfügung, für Doktoranden werden zwölf Arbeitskabinette in einem eigens dafür abgeteilten Trakt vorgehalten. Die Bestandskapazität ist auf 170 000 Bände in Freihandaufstellung – verteilt über vier Ebenen – und 42 000 Bände in Magazinaufstellung ausgelegt. Derzeit sind ca. 135 000 Bände frei zugänglich.

## 3. Gang durch die Bibliothek

### 3.1 Eingangsbereich

Über eine Vorhalle – das Vestibül – erreicht man das rund 450 qm große, aus Jurakalkstein, Sichtbeton und Glas bestehende Foyer. Hier befindet sich rechts vom Eingang ein Parlatorium, welches zu angeregten Unterhaltungen geradezu einlädt, links Garderobenschränke für 360 Nutzer und der Eingang zur Cafeteria. Der breite Gang zwischen Parlatorium und Garderobe, der zudem als Ausstellungsfläche genutzt wird, führt geradezu in den Eingangsbereich zur Bibliothek, der nur durch eine Theke, zwei Buchsicherungsanlagen und 2,40 m hohe Glasscheiben vom Foyer getrennt, ansonsten aber offen ist. Hier wurde ein Aufsichts- und Auskunftsplatz eingerichtet, der selbstverständlich während der Öffnungszeiten (Montag bis Samstag 8.00–1.00 Uhr, Sonntag 14.00–1.00 Uhr) ständig besetzt ist.

### 3.2 Erste Ebene

Über einen großzügig mit amerikanischem Kirschholz vertäfelten Treppenaufgang erreicht man die erste Ebene.

Besonders anzumerken ist, daß in der gesamten Bibliothek nur diese Holzart verarbeitet worden ist; das betrifft den Parkettfußboden im Erdgeschoß, die Vertäfelung des Treppenaufgangs und des Treppenhauses, die Regale, die Nutzertische, die Schreibtische der Mitarbeiter, ja sogar die Bücherwagen.

Auf der ersten Ebene – von wo aus die höheren Ebenen über eine in schwarz gehaltene Wendeltreppe zu erreichen sind, sofern man nicht den Aufzug benutzt – befinden sich neben einem weiteren Aufsichts- und Auskunftsplatz, den fünf Diensträumen der Bibliotheksmitarbeiter, dem Kopierraum mit zwei Kopierern, den Zettelkatalogen (Bestand bis Erwerbungsjahr 1990), acht Recherche-PCs (Bestand ab Erwerbungsjahr 1991 im PICA-Verbund) das gesamte fast ausschließlich nach der Wende erworbene Zivilrecht, das in Anlehnung an die Regensburger Systematik ab 1994 neu systematisiert worden ist.

Auf dieser Etage stehen ca. 1 850 laufende Meter für Bücher und fachspezifische Zeitschriften und Entscheidungssammlungen zur Verfügung. Die auf dieser Ebene plazierten 56 Arbeitsplätze erreicht man durch einen 15 m langen und 2 m breiten Gang, der beidseitig an je elf Regalreihen entlangführt. Von hier aus gelangt man über einen weiteren Treppenaufgang zu den höher gelegenen Ebenen.

*Juridicum, Lesebereich*

*3.3 Zweite Ebene*

Die zweite Ebene hat das Strafrecht, das gesamte Öffentliche Recht und die weiteren „Restgebiete" aufgenommen. Es stehen ca. 2180 laufende Meter und 56 Arbeitsplätze zur Verfügung. Auf dieser Etage ist ferner ein Zeitschriftenlesesaal mit zwölf Arbeitsplätzen und zwei Recherche-PCs eingerichtet. Hier befindet sich auch der Arbeitsplatz einer Mitarbeiterin, die sowohl den Zeitschriftenlesesaal als auch die Arbeitsplätze dieser Ebene im Blickfeld hat.

Im Zeitschriftenlesesaal stehen die allgemeinen juristischen Zeitschriften in gebundener Form (die fachspezifischen findet man in dem betreffenden Sachgebiet) und sämtliche laufenden Zeitschriften, die in Huber-Fächer präsentiert werden. Sowohl für den Zeitschriften- als auch für den allgemeinen Bestand werden hier zwei Kopiergeräte vorgehalten.

*3.4 Dritte Ebene*

Auf der dritten Ebene, die nur noch rund 1 050 laufende Meter Bücher aufnehmen kann, die Anzahl der Arbeitsplätze gleichwohl konstant hält, befindet sich der sogenannte „Altbestand". Das ist der seit Gründung der Bibliothek im Jahre 1853 bis 1945 erworbene Bestand sowie die juristische Literatur der ehemaligen DDR. Diese Bände waren vor dem Einzug in das neue Gebäude fast ausschließlich magaziniert, so daß die jetzt mögliche freie Zugänglichkeit von Lernenden und vor allem von Lehrenden dankbar angenommen wird.

Auf dieser Ebene befindet sich auch der Computerpool mit 50 Arbeitsplätzen, der zu den größten und modernsten an deutschen Hochschulen gehört.

*3.5 Vierte und fünfte Ebene*

Die vierte Ebene verfügt wiederum über 56 Arbeitsplätze; hinzu kommen die 12 Arbeitskabinette. Die Bücherkapazität ist hier eher bescheiden. Es stehen drei Doppelregale zur Verfügung, die 210 laufende Meter Bücher aufnehmen können.

Die oberste Terrasse ist „bücherfrei"; hier werden lediglich 48 Arbeitsplätze vorgehalten, die ob ihres wunderbaren Ausblicks auf die Hallenser Innenstadt außerordentlich begehrt sind.

*4. Erfahrungen mit dem Neubau*

Die Bibliothek wird von den Nutzern durchweg positiv beurteilt. Die Arbeitsplätze sind großzügig gestaltet und jeweils mit einer eigenen Tischleuchte ausgestattet, die selbständig ausgeschaltet werden kann, wobei die Inbetriebnahme der Leuchten zentral gesteuert wird. Die Arbeitsplätze sind ruhig gelegen und erlauben ein optimales störungsfreies Arbeiten.

Dieses ist im Eingangsbereich nicht immer möglich, da der Geräuschpegel im Foyer durch das offene Treppenhaus der Bibliothek zieht. Es kommt noch hinzu, daß die Treppen nicht mit geräuschdämmendem Teppichboden ausgelegt, sondern naturholzbelassen sind.

Nicht zu verhehlen ist auch, daß eine über mehrere Etagen angeordnete Bibliothek nur schwer zu beaufsichtigen ist. Das zeigt sich ganz besonders deutlich in den Abendstunden, in denen nur die Ausgangskontrolle im Erdgeschoß besetzt ist. Tagsüber ist die Überwachung einigermaßen gesichert durch die Aufsichtsplätze auf der ersten und zweiten Ebene.

*Lesebereich mit Blick auf den Regalbereich*

## 5. Resümee

Für die Studierenden, die Lehrenden, die Assistentenschaft, für die sonstigen Mitarbeiter und vor allem für die Kolleginnen und Kollegen der Bibliotheksverwaltung haben sich die Arbeitsbedingungen mit der Inbetriebnahme der neuen Räumlichkeiten entschieden verbessert.

Leider kann wegen der seit einigen Jahren fortschreitenden Kürzung der Haushaltsmittel die Bestandserweiterung nicht in der gewünschten Form vorangetrieben werden. Die Erfahrung lehrt, daß einmal entstandene Lücken nicht oder nur unter größten Schwierigkeiten und Anstrengungen geschlossen werden können.

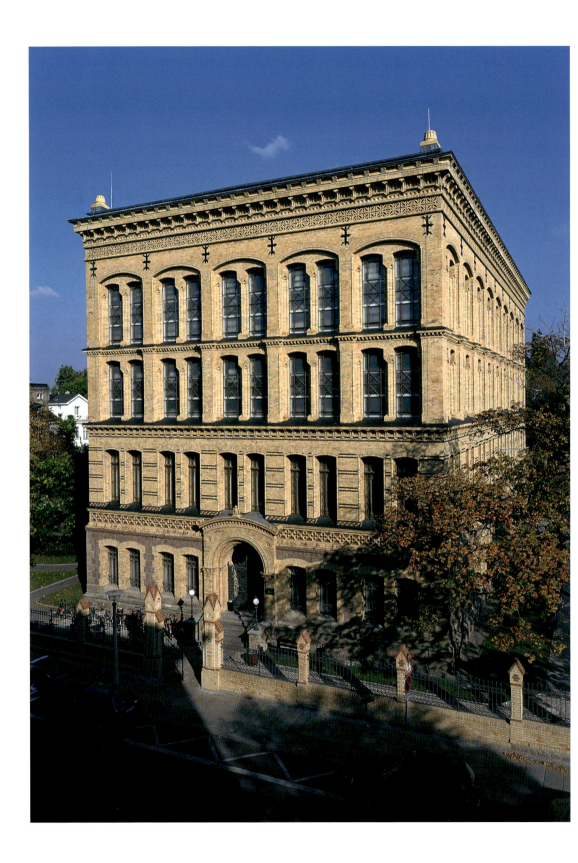

# Universitätsbibliothek, Landesbibliothek, Juristische Seminarbibliothek, Zweigbibliothek Rechtswissenschaft

HEINER SCHNELLING

Auch wenn es auf den ersten Blick etwas verwirrend anmuten mag, die in Halle (Saale) an der Martin-Luther-Universität herrschenden Beziehungen zwischen Universitätsbibliothek, Landesbibliothek und der Bibliothek darzustellen, die früher Juristische Seminarbibliothek war und seit mehr als 30 Jahren die Zweigbibliothek Rechtswissenschaft der Universitäts- und Landesbibliothek Sachsen-Anhalt ist – eins läßt sich mit ziemlicher Sicherheit sagen: Dieses Vorhaben wird gerade deshalb so angenehm und leicht zu erledigen sein, da es sich bei den hier darzustellenden Bibliotheken sämtlich um Einrichtungen der Martin-Luther-Universität Halle-Wittenberg handelt. Oder, anders gesagt: Was sich andernorts, wo es ja ebenfalls Universitäts- und juristische Seminarbibliotheken gibt, möglicherweise als schwer zu durchschauende Gemengelage auftut, bietet sich in Halle als nachgerade transparente bibliothekarische Situation. Zusammenfassen ließe sich die Entwicklung dieses Verhältnisses unter dem Motto: vom Nebeneinander, auch ignorierendem oder mitunter konkurrierendem Nebeneinander, über „vertrauensbildende Maßnahmen" und der Entwicklung „gut-nachbarlicher Beziehungen" bis hin zum kooperativen, strukturierten, einheitlichen Ganzen der Literaturversorgung der Martin-Luther-Universität, sodann auch der Stadt Halle und – als Landesbibliothek – natürlich auch des Bundeslandes Sachsen-Anhalt.[1] Die folgenden Bemerkungen verstehen sich denn auch als eine – fachbezogene – Zwischenbilanz der seit Ende 1996 amtierenden Leitung der Universitäts- und Landesbibliothek Sachsen-Anhalt in Halle an der Saale (im folgendem: ULB). Dabei liegt, dem Anlaß entsprechend, der Akzent auf „auch": Schließlich hat die Jubilarin, die Zweigbibliothek Rechtswissenschaft, einen guten Grund zu feiern. Aber viele andere auch.

*1. Geschichte*

Vergegenwärtigen wir uns jedoch zuallererst die historischen Bezugspunkte. Die Universität Halle, die Preußische Friedrichs-Universität, wurde 1694 gegründet, knapp zweihundert Jahre nach der Universität Wittenberg, der „Leucorea" (1502). Die Bibliothek der Universität Halle, die heutige Universitäts- und Landesbibliothek Sachsen-Anhalt, folgte 1696. Die Universität Wittenberg wurde 1817 mit der Universität Halle vereinigt, was in der Praxis so aussah, dass der Forschungs- und Lehrbetrieb in Wittenberg eingestellt wurde. Universitäres Leben fand fortan nur noch in Halle statt; der im Doppelnamen Halle-Wittenberg nachklingende ältere der beiden Universitätsstandorte war nur noch Erinnerung. Die ehemalige

*Hauptgebäude der Universitäts- und Landesbibliothek*

Bibliothek der Universität Wittenberg wurde ebenfalls aufgelöst; Teile ihrer Bestände wurden nach Halle verbracht.

Das 1853 begründete Juristische Seminar der Universität Halle-Wittenberg war ein recht frühes Beispiel des Strukturwandels von der Katheder-Universität zur modernen, von Humboldt geprägten Seminar-orientierten Universität. Ihm folgte in Halle, insbesondere in den „Gründerjahren" ab 1870, wie in allen anderen deutschen Universitäten auch, die Gründung zahlreicher, größerer und kleinerer Seminare oder auch Institute.[2] Eine typische Konsequenz der Entstehung von Seminaren oder Instituten waren Begründung und Ausbau von Bibliotheken in diesen Einrichtungen, die im Regelfall unabhängig von einer zentralen Universitätsbibliothek betrieben wurden. Darin wurde auch kein Problem gesehen; vielmehr waren diese „zweischichtigen" Strukturen universitärer Bibliothekssysteme in Deutschland noch bis in die sechziger Jahre des letzten Jahrhunderts prägend. Erst im Zuge der vielfältigen Universitätsneugründungen jener Zeit ist ein Bewusstsein dafür gewachsen, die Bibliothek einer Universität als eine einheitliche, das gesamte Bibliothekswesen der Universität umfassende, zentrale Betriebseinheit zu sehen und Fragen der Mittelbewirtschaftung, des Personaleinsatzes, der Datenverarbeitung und nicht zuletzt des Bestandsaufbaus „einschichtig" zu beantworten.[3] Was allerdings nicht heißen soll, dass sich mittlerweile überall einschichtige Bibliothekssysteme finden ließen.

Aber zurück zur bibliothekarischen Situation der Universität Halle-Wittenberg in der Mitte und zum Ende des 19. Jahrhunderts.[4] Die Universitätsbibliothek Halle verfügte Mitte des 19. Jahrhunderts über einen Bestand von ca. 150 000 Bänden,[4] aber, was wesentlich schwerer wog, noch immer über kein eigenes Gebäude. Die Baugeschichte der Universitätsbibliothek Halle ist bis 1880 durch eine Reihe von Provisorien gekennzeichnet, unter denen ihre Unterbringung zusammen mit dem Anatomischen Institut in einem Gebäude vielleicht das originellste ist.[5] Erst 1880 konnte das erste bibliothekarische Zweckgebäude der Universität Halle bezogen werden, das mittlerweile zu einem Klassiker der Bibliotheksarchitektur gewordene Gebäude in der heutigen August-Bebel-Str. 13 (Abb. S. 42).

Außer dieser wird im vorliegenden Beitrag auf weitere Abbildungen des Klassikers verzichtet, zugunsten der Jubilarin, der Zweigbibliothek Rechtswissenschaft der ULB. Die in diesem Beitrag noch folgenden Abbildungen versammeln, der historischen Perspektive folgend, Wiedergaben einiger der wertvollen rechtshistorischen Bestände der ULB.[6] Der Verzicht auf weitere Abbildungen des Klassikers erfolgt aus zwei Gründen: Zum einen braucht das historische Magazin-Gebäude der ULB keine weiteren Abbildungen, die seinen unverwechselbaren und beispielgebenden Charakter unter Beweis stellen. Zum anderen ist das am Universitätsplatz errichtete Juridicum, das vor allem die Zweigbibliothek Rechtswissenschaft der ULB aufnimmt, auf dem besten Wege, seinerseits einen architektonischen Status zu gewinnen oder – je nach Blickwinkel – zu behaupten, der Klassikerverdächtig ist. Beide Häuser, sowohl das Magazingebäude der ULB als auch das Juridicum, liegen nur ca. 500 Meter Luftlinie voneinander entfernt. Ihre Architektur und ihre städtebauliche Einbindung könnten gegensätzlicher nicht sein. Zum einen der nüchterne Magazinbau, der trotz seiner an die Renaissance erinnernde Fassade sich zu mehr als vier Fünfteln als begehbares Hochregal entpuppt (mit entsprechend geringer

Lesesaal-Kapazität), der jedoch in einem der größten Parkanlagen der Innenstadt von Halle gelegen ist; zum anderen das Juridicum, dessen weiträumige Freihandflächen zu Recht als „Weinberg des Rechts" gerühmt worden sind; ein Weinberg freilich, der sich in einer Gebäudehülle sowie in einem Gebäudeumfeld am Universitätsplatz wieder findet, das ohne nennenswerte Grünflächen auskommen kann.[7]

Die Universität Halle, die seit 1933 „Martin-Luther-Universität Halle-Wittenberg" heißt, überstand den Zweiten Weltkrieg ohne größere Schäden an ihren Gebäuden und, hier vor allem von Bedeutung, ohne nennenswerte Verluste an Büchern. Die Universität Halle, ebenso wie die Universitäten Göttingen und Tübingen, kann sich daher glücklich schätzen, über einen umfangreichen und geschlossenen Altbestand zu verfügen. Der Universitätsbibliothek Halle, der bei weitem größten und bedeutendsten Bibliothek des unmittelbar nach dem Zweiten Weltkrieg begründeten Landes Sachsen-Anhalt, wies die Landesregierung 1948 auch die Funktion einer Landesbibliothek zu. Daraus erklärt sich der bis heute geltende Name der Bibliothek, Universitäts- und Landesbibliothek Sachsen-Anhalt. Diesen Namen hat die Bibliothek auch zu Zeiten der DDR behalten, auch nach der 1953 erfolgten Auflösung des Bundeslandes Sachsen-Anhalt im Rahmen der Neuordnung des Territoriums der DDR nach Bezirken. Und wie zu Zeiten der DDR gilt auch heute, daß die ULB haushalts- und dienstrechtlich eine Einrichtung der Martin-Luther-Universität Halle-Wittenberg ist. Auf die Bedeutung der Landesbibliotheksfunktion im Rahmen der hier zu erörternden Thematik wird noch zurückzukommen sein.

Die vergleichsweise glückliche Fügung der Rettung ihrer Bestände betraf sowohl die Universitätsbibliothek als auch die Bibliothek des Juristischen Seminars der Universität. Beide Bibliotheken hatten zu dieser Zeit, wie in der Vergangenheit auch, recht wenig miteinander zu tun. Das änderte sich erst rund zwanzig Jahre später, im Zuge der 3. Hochschulreform (1969–1971): dann allerdings grundsätzlich und, wie die Entwicklung seither und auch über die politische Wende hinaus gezeigt hat, nachhaltig. So wie alle anderen der damals noch weit über 100 Instituts- oder Seminarbibliotheken der Universität wurde auch die Juristische Seminarbibliothek der Universität Halle der ULB unterstellt. Das darf man sich durchaus als einschneidende Maßnahme vorstellen: Die Juristische Fakultät hatte plötzlich keine „eigene" Bibliothek mehr. Diese war „nur noch" eine Zweigstelle der Universitätsbibliothek, mit Konsequenzen, die zumindest dem Gesetzestext nach weit über die üblichen fachaufsichtlichen Belange hinaus reichten und die dienstaufsichtlichen ebenso umfaßten. Dienstvorgesetzter der Mitarbeiter/innen der Juristischen Seminarbibliothek war nicht länger der Dekan der Fakultät, sondern der Direktor der Universitätsbibliothek.[8]

*2. Strukturveränderungen*

Ob und ggf. mit welchem Tempo und in welchem Umfang die neuen gesetzlichen Regelungen der 3. Hochschulreform wirksam geworden sind, läßt sich heute nur schwer nachvollziehen. Die Aktenlage ist dürftig, sowohl im Universitätsarchiv als auch in der Juristischen Fakultät und in der ULB. Wichtiger für den hier interessierenden Zusammenhang ist allemal, dass an der eben beschriebenen Rechtstellung der Juristischen Seminarbibliothek sich bis auf den heutigen Tag nichts geändert

hat: Sie ist nach der Wende wie davor die Zweigbibliothek Rechtswissenschaft der ULB und hat mit „Ha 11" eine ganz normale Adresse im Verzeichnis der Zweigbibliotheken der ULB. Wie die übrigen auch.

Das war sicher nicht immer ganz einfach für die Fakultät, „ihre" Bibliothek integriert und damit „ihr" Bibliothekspersonal sowohl fach- als auch dienstaufsichtlich bestimmt zu sehen durch „die UB", mit der man, so wollen es jedenfalls böse Zungen, doch eigentlich so gar nichts zu tun haben wollte. In den ersten Jahren nach der politischen Wende waren die Beziehungen zwischen Juristischer Fakultät und ULB, um es vorsichtig zu formulieren, nicht völlig konfliktfrei. Dazu haben sicher eine ganze Reihe von Faktoren beigetragen, angefangen bei der völlig unzureichenden räumlichen Situation der Zweigbibliothek Rechtswissenschaft, die ihrerseits auf nicht weniger als sieben Standorte verteilt war. Erschwerend kamen auch Fragen der Zuständigkeit für das Bibliothekspersonal hinzu: So hatte die ULB zwar eine/n Fachreferenten/in für Rechtswissenschaft, die Fakultät allerdings auch einen; ebenso gab es Bibliothekspersonal, das bei der ULB etatisiert war, als auch Personal, das zur Juristischen Fakultät gehörte (wenngleich in geringerem Umfang). Das eingangs beschriebene „Nebeneinander", ob ignorierend oder konkurrierend, wich erst in der zweiten Hälfte der neunziger Jahre einer vertrauensvollen Zusammenarbeit und einer rationalen Klärung der Zuständigkeiten. So wurde der Fachreferent der Juristischen Fakultät in den Stellenplan der ULB übernommen mit der Zielsetzung, Aufbau, Erschließung und Vermittlung des juristischen Bestandes der ULB insgesamt zu übernehmen. Ein weiteres Beispiel der Neubestimmung von Zuständigkeiten entstand im Zuge des Baus, der Einrichtung sowie des Bezugs der neuen Zweigbibliothek Rechtswissenschaft im Juridicum in den Jahren

*Vocabularis iuris utrisque* Basel: Michael Wennsler, um 1472 Papier. 159 Blatt. Prächtige Initialseite mit Christus als Leidensmann. Arkanthusranken im Meißner Stil. Farbige Schmuckinitiale. Rubriziert. Halle (Saale), Universitäts- und Landesbibliothek Sachsen-Anhalt: Kc 177a, 2° Ink.

*Schwabenspiegel* Augsburg: Günther Zainer, o.J. Papier. 109 Blatt. Titelholzschnitt und Schmuckinitiale koloriert. Rubriziert. Halle (Saale), Universitäts- und Landesbibliothek Sachsen-Anhalt: Im 47a, 2° Ink.

1997/1998. Wie mittlerweile alle Beteiligten einsehen, war es in diesen Jahren wichtig, die Rolle der ULB in diesen Abläufen zu bestimmen, auch wenn dies möglicherweise eine neue Erfahrung war, sowohl für die Juristische Fakultät als auch für den Architekten und möglicherweise selbst für diejenigen, die an der Martin-Luther-Universität Verantwortung trugen für Bau und Liegenschaften. Denn warum sollte man mit der Bibliothek verhandeln, die eher unnachsichtig auf die Einhaltung bibliothekarischer Standards beim Bau und bei der Einrichtung von Bibliotheken dringt und die auf der Beachtung universitätsweit gültiger Benutzungsrichtlinien der Bibliothek besteht? An dieser Stelle sei dem ehemaligen Kanzler der Universität, Wolfgang Matschke,[9] ebenso gedankt wie den Vertreter/innen der Juristischen Fakultät, allen voran Prof. Dr. Hans Lilie und Dr. Jutta Schubert, ohne deren konstruktive Begleitung diese Entwicklung nicht so positiv hätte verlaufen können.

Eine solche „Erarbeitung" einschichtiger Bibliotheksstrukturen, die sich nicht in allen Fächern so intensiv gestaltet hat, beweist indessen eines: Im Falle des Bibliothekssystems der Martin-Luther-Universität hat die Fortsetzung einschichtiger Strukturen weniger mit dem Beharrungsvermögen universitärer wie auch anderer öffentlicher Verwaltung zu tun, nach dem Motto etwa: War schon immer so. Vielmehr hätte sich gleich nach der Wende die Gelegenheit geboten, diesen zumindest für ältere deutsche Universitäten ungewöhnlichen Zustand zu ändern. Das nach der politischen Wende vorgelegte Hochschulgesetz des Landes Sachsen-Anhalt bestimmt etwa in § 102, Abs. 4 lediglich eine fachliche Aufsicht des Direktors der Universitätsbibliothek über die dezentralen bibliothekarischen Einrichtungen der Universität, also ihre Instituts-, Seminar- oder Kliniksbibliotheken. Das entsprach den Regelungen, die aus den alten Bundesländern bekannt waren und

*Sachsenspiegel Augsburg: Hans Schönsperger, 1496 Papier. 252 Blatt. Titelholzschnitt und Holzschnittinitiale zu Beginn des Registers. Halle (Saale), Universitäts- und Landesbibliothek Sachsen-Anhalt: Kg 629, 4° Ink.*

*Gratian (Kamaldulenser aus dem Kloster San Felice in Bologna, Mitte 12. Jh.): Decretum Gratiani cum glossa ordinaria Bartholomaei Brixiensis Pergamenthandschrift. Gotische Minuskel. 353 Blatt. 32 x 21,5 cm. Italien. 13. Jahrhundert. Initialen mit figürlichen Darstellungen. Halle (Saale), Universitäts- und Landesbibliothek Sachsen-Anhalt: Ye 2° 36*

*Institutiones Iustiniani cum apparatu Accursii Papier. 270 Blatt. 29 x 21 cm. 15. Jahrhundert. Farbige Initialen und Federzeichnung (Imperator). Halle (Saale), Universitäts- und Landesbibliothek Sachsen-Anhalt: Ye 2° 23*

die sich dort auf die Bibliothekssysteme bezogen, die vor der Welle der Universitätsneugründungen ab der Mitte der 60er Jahre des letzten Jahrhunderts Bestand hatten. Diese waren – und sind es teilweise heute noch – zwei- und mehrschichtig, das heißt: Neben und vor allem unabhängig von der (zentralen) Universitätsbibliothek gibt es eine Vielzahl dezentraler bibliothekarischer Einrichtungen, also Seminar-, Instituts-, Kliniks-, Fachbereichs- oder Fakultätsbibliotheken.[10] Demgegenüber hat die Martin-Luther-Universität Halle-Wittenberg auch nach der Wende an ihrem einschichtigen Bibliothekssystem festgehalten. Das kommt vor allem in der im Jahr 2000 verabschiedeten „Ordnung der ULB" zum Ausdruck, die Kernelemente einschichtiger Bibliothekssysteme versammelt.[11] Die ULB ist demnach eine zentrale Betriebseinheit der Martin-Luther-Universität. Sie umfaßt im Sinne eines einschichtigen Bibliothekssystems alle bibliothekarischen Einrichtungen der Universität. Ihr Direktor bzw. ihre Direktorin führt die dienstliche und fachliche Aufsicht über alle bibliothekarischen Einrichtungen und Kräfte. Die Beschaffung der Literatur und anderer Informationsträger erfolgt ausschließlich durch die ULB. Es werden Bibliothekskommissionen gebildet, sowohl auf gesamt-universitärer Ebene als auch auf Fakultäts- bzw. Fachbereichsebene, die sich entsprechend den Bestimmungen des Landeshochschulgesetzes zusammensetzen. Aus all' dem folgt: Die Martin-Luther-Universität hat dafür Sorge getragen, daß ihr Bibliothekssystem dezidiert einschichtig organisiert bleibt. Was in anderen Bundesländern, zuletzt in Baden-Württemberg oder Hessen, erst per jüngst

novelliertem Hochschulgesetz auf den Weg gebracht werden musste, hat die Martin-Luther-Universität in eigener Kompetenz erledigt.

## 3. Einschichtiges Bibliothekssystem

Wie sieht denn eine solche einschichtige Organisationsform konkret aus? Was macht aus der ULB mit ihrer Zweigbibliothek Rechtswissenschaft – und natürlich ihren übrigen Zweigbibliotheken – ein einschichtiges Bibliothekssystem?

Die ULB verfügt am Anfang dieses Jahrtausends über etwa 5,1 Mill. Bände, von denen sich 1,5 Mill. Bände in der Zentrale, 1,1 Mill. in drei Außenmagazinen sowie 2,5 Mill. in 26 Zweigbibliotheken befinden. Die Zahl der Zweigbibliotheken ist dabei in den letzten Jahren dramatisch zurückgegangen, betrug sie doch 1994 immerhin noch 96.[12] Aber auch die noch verbleibenden Zweigbibliotheken sind über das gesamte Stadtgebiet von Halle verstreut, teilweise reichen sie darüber hinaus. Das kann auch gar nicht anders sein, denn die Streuung der bibliothekarischen Einrichtungen muß zwangsläufig der räumlichen Zersplitterung der Forschungs- und Lehreinrichtungen der Martin-Luther-Universität folgen. Die spannende Frage bleibt, wie eine Bibliothek, die bis auf weiteres an dieser räumlichen Situation kaum entscheidendes ändern kann, der Vielfalt der universitären, sodann allerdings auch der über die Universität hinaus weisenden Aufgaben regionaler Art gerecht werden kann. Offenbar hängt die Antwort auf diese Frage wesentlich davon ab, wie die einzelnen Teile der ULB, Zentrale wie Zweigbibliotheken, ihre Funktionen auf dieses Ziel hin wahrnehmen. Insofern gilt das folgende auch für die Zweigbibliothek Rechtswissenschaft. Sie ist zur Zeit mit

*Christian Thomasius (1655–1728) und August Hermann Francke (1663–1727): Besonders curieuses Gespräch Im Reich der Todten, zwischen zweyen im Reiche der Lebendigen hochberühmten Männern. S. l., 1729 Halle (Saale), Universitäts- und Landesbibliothek Sachsen-Anhalt: Pon Zf 707 (1/3)*

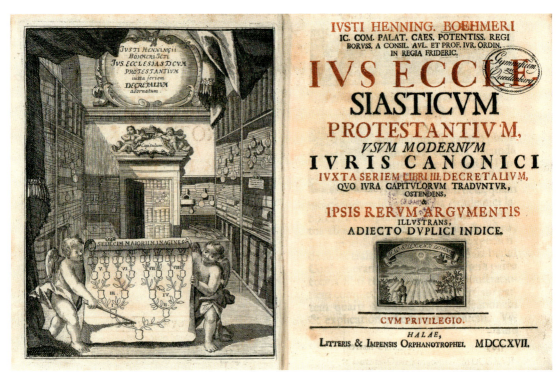

*Justus Henning Boehmer (1674–1749): Jus ecclesiasticum protestantium, usum modernum (3 ff.: hodiernum) iuris canonici … Decretalium … & ipsis rerum argumentis illustrans ; 2 Halae: Orphanotropheum, 1717 Halle (Saale), Universitäts- und Landesbibliothek Sachsen-Anhalt: Kr 1620 a (2)*

ca. 180 000 Bänden die drittgrößte Zweigbibliothek der ULB.¹³

Die bibliothekarischen Einrichtungen der Martin-Luther-Universität sind als Einheit zu begreifen und ihre Aufgaben, Bestände und Service-Angebote in einem funktionalen Zusammenhang zu sehen.¹⁴ Für unser Beispiel in Halle sieht das so aus, der Zentrale der ULB neben ihrer Magazin-Funktion vor allem Service-Aufgaben zuzuweisen, etwa für Bestandserhaltung, Datenverarbeitung, Weiterbildung. Dagegen soll die ULB-Zentrale aber auf die Beschaffung und Bearbeitung aktueller Literatur weitgehend verzichten. Was sich wiederum weniger aus der fast völlig erschöpften Kapazität des berühmten Magazin-Gebäudes erklärt als vielmehr aus einer durchaus bibliothekspolitischen Maßgabe: Die Versorgung der Universität mit dieser für Forschung und Lehre unverzichtbaren aktuellen Forschungsliteratur übernehmen die Zweigbibliotheken, im vorliegenden Fall also die Zweigbibliothek Rechtswissenschaft.

Zu einem einschichtigen Bibliothekssystem tragen, wie eingangs erwähnt, eine Reihe rechtlicher Strukturen ganz entscheidend bei, welche insbesondere die Zuständigkeit für das Bibliothekspersonal, die Bewirtschaftung des Erwerbungsetats oder den Einsatz kostspieliger Datenverarbeitung der „zentralen Betriebseinheit" Bibliothek zuweisen. An zwei Beispielen – den einheitlichen Benutzungsregelungen für Zentrale und Zweigbibliotheken der ULB einerseits sowie der Vertretung des gesamten Bibliothekssystems der Martin-Luther-Universität durch die Bibliotheksleitung andererseits – kann beispielhaft die binnen- wie die außenrechtlich einschichtige Struktur des Bibliothekssystems gezeigt werden.¹⁵ Regelungen dieser Art fungieren jedoch nicht nur als theoretische Vorgabe einer Art rechtlicher Klammer zentraler und dezentraler Einrichtungen¹⁶:

Ein räumlich und organisatorisch notwendigerweise dezentral organisiertes Bibliothekssystem bedarf der Praxis. Auch hier gilt: „the proof of the pudding is the eating".

Fangen wir beim Geld an. Die Erwerbungsmittel, welche der ULB zur Verfügung stehen, werden nach einem einheitlichen, vom Akademischen Senat der Universität auf Vorschlag der Bibliothekskommission verabschiedeten Schlüssel verteilt. Wie alle anderen Fachgebiete fällt auch die Rechtswissenschaft darunter. Der Schlüssel berücksichtigt im wesentlichen die Ausgaben für Zeitschriften sowie, im Fall der Monographien, die Zahl der Lehrstühle und die Zahl der Studierenden. Dieser Schlüssel wurde 1996 eingeführt.[18] Im Laufe der letzten Jahre lag der Anteil der Erwerbungsmittel der ULB, die auf das Fach Rechtswissenschaft entfielen, im Mittel bei etwa 10,5 Prozent. Dazu kommen Berufungsmittel, deren Höhe naturgemäß von Jahr zu Jahr schwankt. Allerdings fällt auf, dass das Berufungsgeschehen in der Juristischen Fakultät in den letzten Jahren als durchaus lebhaft zu bezeichnen ist, weswegen die Berufungsmittel eine stetig steigende Bedeutung erfahren haben.

Die aus dem Schlüssel-Anteil resultierenden Mittel, die Berufungs- sowie die Drittmittel stehen für Beschaffungen juristischer Literatur in sämtlichen Medienarten zur Verfügung (Bücher, Zeitschriften, elektronische Medien wie Datenbanken und elektronische Zeitschriften). Sie werden ausschließlich durch die ULB bewirtschaftet. Die inhaltliche Festlegung, welche Titel beschafft werden sollen, obliegt im Fall regulärer Literaturmittel zu gleichen Teilen den Vertretern der Juristischen Fakultät und dem Fachreferenten der ULB, im Falle von Berufungsmitteln den Fakultätsvertretern in vollständiger Weise.

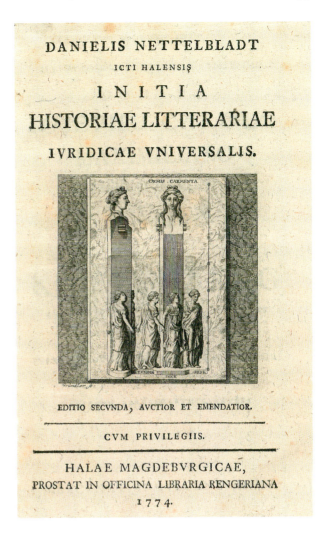

Daniel Nettelbladt (1719–1791): Initia historiae literariae iuridicae universalis Halae Mageburgicae: Renger, 1774 Halle (Saale), Universitäts- und Landesbibliothek Sachsen-Anhalt: Ka 29 a

Allerdings hat sich die Bibliothek mit den Professoren/innen der Juristischen Fakultät darauf verständigt, 60 Prozent der Berufungsmittel für Beschaffungen aufzuwenden, die in der Zweigbibliothek Rechtswissenschaften aufgestellt werden und somit „der Allgemeinheit zugute" kommen können.

Die Gesamtheit der Literaturmittel ermöglicht Beschaffungen für alle möglichen Standorte juristischer Literatur im Bibliothekssystem der ULB, allen voran natürlich die Zweigbibliothek sowie die Zentrale der ULB. Aber, wie oben dargelegt, wird aktuelle juristische Literatur nahezu ausschließlich noch für die Zweigbibliothek beschafft. Im Zuge der bibliothekspolitisch-programmatischen Forderung nach einer fachlich orientierten Bildung von Bibliotheksbereichen – und hier ist die Rechtswissenschaft erneut nur ein Beispiel im Fächerspektrum der Martin-Luther-Universität – werden Monographien, Kommentare, Zeitschriften und anderes nicht länger doppelt oder gar mehrfach beschafft, sowohl für die Zentrale als auch für einen oder mehrere dezentrale Standorte.

Das hat aber auch einen anderen Grund, nämlich einen finanziellen: Die in den letzten Jahren nicht eben günstiger gewordenen finanziellen Rahmenbedingungen haben die Universität, die Bibliothek und nicht zuletzt die Benutzer dazu gezwungen, eine fachliche Bereichsbildung als notwendige Bedingung für die Zukunftsfähigkeit „ihres" universitären Bibliothekssystems zu akzeptieren. Im Ergebnis führt das für das Beispiel Jura dazu, daß in der Zentrale nur noch vereinzelte aktuelle Titel zu finden sind, etwa ein Exemplar der aktuellen Ausgabe des „Palandt", aber nicht der „Münchener Kommentare", oder nur noch eine laufende Zeitschrift, die „Neue Juristische Wochenschrift". Was darüber hinausgeht, bezieht sich am ehesten auf die – quantitativ gesehen – recht wenigen juristischen Titel, die in historischer und regionaler Sicht interessant sind.

Wenn schon die Erwerbungsmittel fast ausschließlich für Beschaffungen genutzt werden, die in der Zweigbibliothek Rechtswissenschaft zur Aufstellung gelangen sollen, spricht alles dafür, die für Bestellung und Bearbeitung der solchermaßen beschafften Literatur erforderliche Bearbeitungskapazität komplett ebenfalls in die Zweigbibliothek zu verlagern. Dies ist für die Zweigbibliothek Rechtswissenschaft in den letzten Jahren ebenso vollendet worden wie für alle anderen dezentralen Standorte der ULB auch. Bei den Titeln, die noch in der Zentrale bearbeitet werden, handelt es sich ganz überwiegend um Pflichtexemplare. Die verweisen auf die ULB als Landesbibliothek. Davon gleich.

Was die Benutzungmodalitäten angeht, so entsprechen die aus juristischen Bibliotheken gewohnten nicht unbedingt jenen zentraler Universitätsbibliotheken. Sind doch die erstgenannten überwiegend durch den ehernen Grundsatz der Präsenznutzung gekennzeichnet, weisen die letztgenannten komfortable Ausleihkonditionen auf. In Halle gelten für Zentrale und sämtliche Zweigbibliotheken der ULB einheitliche Benutzungsbestimmungen, seit die Benutzungsordnung der ULB verabschiedet wurde.[17] Die Bestände der Zweigbibliothek Rechtswissenschaft ste-

*Johann Stephan Pütter (1725–1807): Der Büchernachdruck nach aechten Grundsaetzen des Rechts Göttingen: Vandenhoeck, 1774 Halle (Saale), Universitäts- und Landesbibliothek Sachsen-Anhalt: Ki 2853*

hen – wie die Bestände aller anderen Zweigbibliotheken auch – für den nationalen und internationalen Fernleihverkehr sowie die Direktbestell- und Lieferdiensten (subito, GBV-direkt) zur Verfügung. Mitunter bedarf es eines nachdrücklichen Hinweises der Bibliotheksleitung, daß die Bildung eines juristischen Bibliotheksbereichs mit seiner liebgewordenen Präsenznutzung nicht im Widerspruch zu den Verpflichtungen des Leihverkehrs stehen kann, der im übrigen nicht nur aus gebendem, sondern, mit Blick auf das gesamte universitäre Bibliothekssystem, auch aus nehmendem Leihverkehr besteht. Daß sich in den letzten Jahren neben dem traditionellen Leihverkehr zwischen Bibliotheken (Stichwort: „roter Leihschein") Systeme der Direktbestellung und der Direktlieferung von Dokumenten etabliert haben, soll hier ausdrücklich erwähnt werden, denn sie eröffnen den teilnehmenden Bibliotheken Möglichkeiten, nicht unbeträchtliche Einnahmen zu erzielen, die – je nach haushaltsrechtlicher Lage – den Erwerbungsetat ebenso unterstützen können wie den Fond für studentische Hilfskräfte.[18]

## 4. Landesbibliothek

Und die Landesbibliothek? Die ULB verfügt über den bei weitem größten Bestand im Bundesland Sachsen-Anhalt, ist dieser doch mehr als doppelt so groß wie jene aller anderen wissenschaftlichen Bibliotheken dieses Bundeslandes zusammen. Über die Qualität dieses Bestandes kann kein Zweifel bestehen: In diesem Zusammenhang mag von besonderem Interesse sein, daß die ULB über mehrere Ausgaben des „Sachsenspiegel" verfügt und einen reichen Bestand rechtswissenschaftlicher und gerade auch rechtshistorischer Literatur ihr eigen nennt. Der berühmte, von Otto Hart-

*Eike von Repgow (um 1180–um 1233): Sachsenspiegel Pergamenthandschrift. 79 Blatt. 28 x 20 cm. Thüringer Becken um 1300. Fleuronnée-Initiale (fol. 6r). Halle (Saale), Universitäts- und Landesbibliothek Sachsen-Anhalt: Qu. Cod. 81*

wig angelegte und bis 1960 gepflegte Systematische Katalog der ULB bestätigt das.[19] Für die Regionalgeschichte des Mitteldeutschen Raumes von überragender Bedeutung ist allerdings die „Bibliotheca Ponickaviana", die von Johann August von Ponickau im 18. Jahrhundert angelegte und bis auf den heutigen Tag fortgeführte einzigartige Bibliothek landesgeschichtlicher und landeskundlicher Literatur.[20]

Wenn über eine Landesbibliothek gesprochen wird, empfiehlt es sich, verschiedene Aspekte zu trennen. Dazu zählen zunächst die rechtlichen Grundlagen, welche die verpflichtenden Aufgaben festlegen; dazu zählen allerdings auch die freiwilligen Aufgaben. Zu den erstgenannten Grundlagen zählt vor allem das Pressegesetz des Landes Sachsen-Anhalt, das die Abgabe von Pflichtexemplaren an die ULB regelt.[21] Von jeder Publikation, die im Bundesland Sachsen-Anhalt erscheint, ist ein Exemplar unentgeltlich an die ULB abzugeben. Das umfaßt pro Jahr eine Menge von annähernd 3 000 Publikationen. Darunter befinden sich auch elektronische Publikationen, deren Abgabe an die ULB ebenso geregelt ist wie bei konventionell gedruckten Publikationen. Zwar ist die Zahl elektronischer Pflichtexemplare zur Zeit noch überschaubar; indessen gilt auch für sie die gleiche Erwartung sowohl des Gesetzgebers als auch des potentiellen Bibliotheksbenutzers: Die Landesbibliothek bewahrt dergleichen auf unbestimmte Zeit auf („für immer") und ermöglicht deren Benutzung.

Zu den hier heranzuziehenden Rechtsvorschriften zählt auch die Bestimmung, daß die ULB als zentrale Archiv-Bibliothek für die wissenschaftlichen Bibliotheken des Landes Sachsen-Anhalt fungiert.[22] Mit Blick auf die insgesamt überschaubaren Bestände vor allem der Fachhochschulbibliotheken des Landes hat diese Richtlinie einstweilen noch eher einen Vorrats-Charakter.

Zu den freiwilligen Aufgaben einer Landesbibliothek zählt ohne Zweifel die Erstellung der Regionalbibliographie, also der laufenden Verzeichnung des Schrifttums, das im Einzugsbereich erscheint und – ebenso wichtig – des Schrifttums, das sich thematisch mit dem Einzugsbereich auseinandersetzt. Wie in allen anderen Bundesländern auch hat die Regionalbibliographie Sachsen-Anhalt eine lange Tradition an der ULB. Bis 1999 wurden insgesamt 31 Jahrgänge der zweijährlich kumulierenden Druckausgabe vorgelegt. Seither erscheint die Regionalbibliographie nicht mehr in gedruckter Form, sondern laufend kumulierend als Online-Version.[23] Wenn eben von „freiwilligen Aufgaben" die Rede war, sollte an dieser Stelle klargestellt werden, daß der ULB weder für die gesetzlichen, also der zwingend vorgeschriebenen (Sammlung von Pflichtexemplaren) noch für die freiwilligen Aufgaben (Erstellung der Regionalbibliographie) andere Personal- und Sachmittel zur Verfügung stehen als jene, welche die Martin-Luther-Universität im Rahmen ihrer Möglichkeiten bereitstellt.

Mit Blick auf die an dieser Stelle besonders den juristischen Bestand interessierenden Fragestellungen läßt sich feststellen, daß der laufende Zugang an juristischen Pflichtexemplaren eher gering ist. Quantitativ fallen auch die juristischen Publikationen zur Landeskunde und -geschichte nicht sehr ins Gewicht. Was allerdings immer mehr an Bedeutung zunimmt ist die Benutzung der Zweigbibliothek Rechtswissenschaft. Es handelt sich bei ihr um die größte Konzentration juristischer Literatur weit und breit, nicht nur des Bundeslandes Sachsen-Anhalt. Eine Zahl mag zur Verdeutlichung beitragen: Die ULB zählt zur Zeit etwa 29 500 eingeschriebene Benutzer. Wenn man sich vergegenwärtigt, daß an der Martin-Luther-Universität knapp über 18 000 Studierende eingeschrieben sind und die Universität über gut 2 000 Personalstellen verfügt, wird deutlich, wie groß der Anteil derjenigen Benutzer/innen der ULB ist, die nicht direkt mit der Universität zu tun haben. Eine große Zahl externer Nutzer sucht regelmäßig die Zweigbibliothek Rechtswissenschaften auf, naturgemäß Anwälte oder aber deren Beauftragte. Dazu tragen sowohl die ausgezeichneten Bestände als auch die außergewöhnlichen Öffnungszeiten bei, die immerhin 113 Stunden pro Woche betragen und montags bis sonntags von 8.00 bis 1.00 Uhr reichen (Sonntag von 14.00 bis 1.00 Uhr).

Für die Präsentation des Bestandes gilt im Fall der Zweigbibliothek Rechtswissenschaft das gleiche Prinzip wie sonst in der ULB auch: fachlich verwandtes soll zusammen aufgestellt werden. Und wenn sich eine Duplizierung aus finanziellen oder anderen Gründen verbietet, hat in der ULB der dezentrale Standort Vorrang vor der Zentrale. Ausnahmen von dieser Regelung betreffen die Pflichtexemplare sowie die umfangreichen historischen Bestände. Jeder wird verstehen, daß ein Exemplar des „Sachsenspiegel" nicht in die Freihandaufstellung der Zweigbibliothek Rechtswissenschaft gehört, sondern in ein geschlossenes Magazin mit der Option der Benutzung in einem Handschriften-Leseraum, wie er in der Zentrale der ULB vorhanden ist. Gleiches gilt im übrigen auch für die Pflichtexemplare, deren dauerhafte und verlässliche Aufbewahrung der ULB auferlegt ist und deren Sicherung in einer Freihandaufstellung nicht nachhaltig gewährleistet wird.

Zum guten Schluss bleibt neben den Glückwünschen an die Jubilarin noch eines: mein Dank an die Juristische Fakultät für die Zusammenarbeit in den letzten Jahren.

**Anmerkungen**

[1] Heiner Schnelling: Sachsen-Anhalt; ders.: Universitäts- und Landsbibliothek Sachen-Anhalt, Halle. Beide in: Regionalbibliotheken in Deutschland, hg. von B. Hagenau. Frankfurt am Main 2000, S. 203–206 bzw. S. 207–211.

[2] Bernhard Fabian: Buch, Bibliothek und geisteswissenschaftliche Forschung: zu Problemen der Literaturversorgung und der Literaturproduktion in der Bundesrepublik Deutschland, Göttingen 1983. Dieser Strukturwandel wird häufig und zu Recht mit Friedrich Althoff in Verbindung gebracht, siehe dazu: Ralph-Jürgen Lischke: Friedrich Althoff und sein Beitrag zur Entwicklung des Berliner Wissenschaftssystems an der Wende vom 19. zum 20. Jahrhundert, Berlin 1990.

[3] Heiner Schnelling: Strukturfragen einschichtiger Bibliothekssysteme: das Beispiel der Universitäts- und Landesbibliothek Sachsen-Anhalt in Halle (Saale), in: Geschichte, Gegenwart und Zukunft der Bibliothek: Festschrift für Konrad Marwinski zum 65. Geburtstag, hg. von D. Reißmann. München 2000, S. 167–178.

[4] Die erste offizielle Zählung des Bestandes erfolgte 1890 und ergab 184 300 Bände. Summarisch zur Bestandsentwicklung der Bibliothek siehe: Heiner Schnelling: Die Bestände der Universitäts- und Landsbibliothek Sachsen-Anhalt in Halle (Saale), in: Eroberung Amerikas in Drucken des 16. Jahrhunderts aus dem Bestand der Universitäts- und Landesbibliothek Sachsen-Anhalt: Bibliographie, ng. von H. Schmidt/H. Wöllenweber. Halle 2000, S. xviii–xx.

[5] Heiner Schnelling: Historische Bausubstanz, Provisorium, Rekonstruktion, Neubau: Aspekte der baulichen Entwicklung der Universitäts- und Landesbibliothek Sachsen-Anhalt in Halle nach der Wende, in: ABI-Technik 21 (2001), S. 12–25.

[6] Die Auswahl dieser Quellen hat dankenswerter Weise Marie-Christine Henning besorgt, die Leiterin der Abteilung Sondersammlungen der ULB.

[7] Zur Bau- und Rekonstruktionsgeschichte des Klassikers siehe: Die denkmalpflegerische Restaurierung des Hauptgebäudes der Universitäts- und Landsbibliothek, hg von Walter Müller/Heiner Schnelling. Halle 2000. Zum Juridicum und zur Zweigbibliothek Rechtswissenschaft siehe: Karl-Ernst Wehnert: Herzstück des Juridicums: neue Zweigbibliothek Rechtswissenschaft an der Martin-Luther-Universität Halle–Wittenberg, in: Buch und Bibliothek 51 (1999), S. 326–329; Holger Brülls/Thomas Dietzsch: Architekturführer Halle an der Saale, Berlin 2000, S. 46. Siehe auch: Heinrich Wefing: Im Weinberg des Rechts. Ästhetische Vorschule für Anwälte: das neue „Juridicum" von Thomas van den Valentyn und Gernot Schulz in Halle, in: Frankfurter Allgemeine Zeitung, 21. Oktober 1998, Nr. 244, S. 43.

[8] Joachim Dietze: Das Bibliotheksnetz der Martin-Luther-Universität Halle–Wittenberg in der 3. Hochschulreform: ein Erfahrungsbericht, in: Zentralblatt für Bibliothekswesen 85 (1971), S. 705–717. Siehe auch: Brigitte Scheschonk: Die Entwicklung der Universitäts- und Landesbibliothek Sachsen-Anhalt in Halle (Saale) von 1945 bis 1983, Halle 1989.

[9] Bauten für die Wissenschaft: Bilanz für einen Universitätskanzler in Sachsen-Anhalt. Feierliche Verabschiedung des Kanzlers der Martin-Luther-Universität Halle–Wittenberg, Wolfgang Matschke, am 25. März 2002, hg. von Gunnar Berg, Wittenberg 2003.

[10] Heiner Schnelling: Integrierte Bibliothekssysteme: Zentralisierung, Dezentralisierung, in: Moderne Informationsdienstleistungen: Trends und Aspekte, Entwicklungen und Probleme in Bibliotheken, Informationszentren und Dokumentationseinrichtungen der Bundesrepublik Deutschland. (dbi-Materialien 95) Berlin 1990, S. 31–49.

[11] Der Text der Ordnung findet sich im Amtsblatt der Martin-Luther-Universität Halle–Wittenberg, 10 (2000), Nr. 5, S. 25. Siehe auch: Heiner Schnelling: Die Ordnung der Universitäts- und Landes-

11 bibliothek Sachsen-Anhalt in Halle (Saale), in: Mitteilungsblatt der Bibliotheken in Niedersachsen und Sachsen-Anhalt 115/116 (2000), S. 23–29.

12 Die Zahl der Zweigbibliotheken zu reduzieren ist erklärtes Programm der Martin-Luther-Universität. Ein eigenes, dem Wissenschaftsrat vorgelegtes Programm (1995) geht von einer Reduzierung der Zweigbibliotheken auf 15 aus; eine HIS-Studie zur baulichen Entwicklung der Universität (1997) spricht von 10 Zweigbibliotheken; der Landesrechnungshof Sachsen-Anhalt hat 1998 als Ergebnis einer Organisations- und Wirtschaftlichkeitsprüfung der ULB eine radikale räumliche Konzentration auf nur noch 7 Zweigbibliotheken empfohlen.

13 Noch größer sind die Zweigbibliotheken Erziehungswissenschaft/Theologie/Medien- und Kommunikationswissenschaften/Jüdische Studien (Ha 10) sowie Neuphilologien (Ha 20: Anglistik/Romanistik/Slawistik)

14 Heiner Schnelling: Die Universitäts- und Landesbibliothek vor dem Beginn des nächsten Jahrzehnts. In: scientia halensis: Wissenschaftsjournal der Martin-Luther-Universität Halle-Wittenberg, 1997, H. 4, S. 3–5.

Siehe auch: Heiner Schnelling/Dorothea Sommer: Die Universitäts- und Landesbibliothek Sachsen-Anhalt in Halle: ein einschichtig organisiertes dezentrales Bibliothekssystem, in: Zeitschrift für Bibliothekswesen und Bibliographie 49 (2002), S. 271–277.

15 Siehe: Ordnung der ULB (wie Anm. 11).

16 Heinz-P. Galler/Heiner Schnelling: Die Martin-Luther-Universität Halle-Wittenberg und ihre Bibliothek, die Universitäts- und Landesbibliothek Sachsen-Anhalt: strukturelle Voraussetzungen und künftige Aufgaben, in: Mitteilungsblatt der Bibliotheken in Niedersachsen und Sachsen-Anhalt 107/108 (1998), S. 7–12.

17 Die Benutzungsordnung der ULB ist veröffentlicht im Amtsblatt der Martin-Luther-Universität Halle-Wittenberg, 8 (1998), Nr. 1, S. 52.

18 Die ULB gehört zu den ersten subito-Lieferbibliothek überhaupt.

19 Dieser Katalog ist nach seiner Digitalisierung auch im Internet verfügbar, siehe Homepage ULB: www.bibliothek.uni-halle.de

Die ULB hat fast alle ihrer alten Zettelkataloge bereits digitalisiert und im Internet zugänglich gemacht. Siehe: Armin Angelus/Christine Eichhorn-Berndt/Heiner Schnelling: Digitalisierung des Realkataloges (Hartwig-Katalog) der Universitäts- und Landesbibliothek Sachsen-Anhalt und seine Visualisierung im Internet, in: Bibliotheksdienst 34 (2000), S. 422–434; Gerald Lutze/Heiner Schnelling/Reinhard Worch: Zettels Traum: Digitalisierung von Zettelkatalogen in der Universitäts- und Landesbibliothek Sachsen-Anhalt und ihre Visualisierung im Internet, in: Bibliotheksdienst 33 (1999), S. 785–796.

20 Der Katalog der Sammlung Ponickau in der Universitäts- und Landesbibliothek Sachsen-Anhalt. – Microfiche-Edition, hg. von Marie-Christine Henning/Heiner Schnelling. Mit einer Einführung von Marie-Christine Henning, Hildesheim 2000, 145 Mikrofiche. – Siehe auch: Marie-Christine Henning: Johann August von Ponickau: Geschichte einer Gelehrtenbibliothek, Hildesheim 2002.

21 Rechtsgrundlage ist das Pressegesetz für das Land Sachsen-Anhalt vom 14. August 1991, zuletzt geändert 1994. Der von der ULB erstellte Entwurf einer Ausführungsbestimmung in bezug auf elektronische Pflichtexemplare liegt dem Kultusministerium des Landes Sachsen-Anhalt seit November 2002 vor.

22 Richtlinien für die Aussonderung, Archivierung sowie Bestandserhaltung von Bibliotheksgut in den Hochschulbibliotheken des Landes Sachsen-Anhalt, in: Ministerialblatt für das Land Sachsen-Anhalt 10 (2000), S. 593–595.

23 Bernd Wiese: Die Abteilung Regionalbibliographie an der Universitäts- und Landesbibliothek Sachsen-Anhalt, in: Bibliotheksdienst 37 (2003), S. 41–46.

# Meine erste Begegnung mit dem Rechtswissenschaftlichen Seminar bei der hallischen Juristenfakultät

Rolf Lieberwirth

Im Sommer 1945 befand ich mich nach Operation einer schweren Kriegsverletzung im Reservelazarett II (St. Elisabeth-Krankenhaus) meiner Heimatstadt Halle (Saale). Bis zu meiner offiziellen und nunmehr endgültigen Entlassung im Oktober war ich noch Kriegsgefangener zunächst der amerikanischen und dann der sowjetischen Besatzungstruppen. Die Gehfähigen erhielten jedoch nach formloser Abmeldung die Erlaubnis, das Lazarett zu Spaziergängen und kleineren Wegen zu verlassen. Während dieser Zeit hatte ich genug Muße, über meine Berufswahl nachzudenken. Immerhin war ich „schon" 24 Jahre und ohne Beruf. Eigentlich waren meine Vorstellungen nach der langen Kriegszeit viel zu vage, um sogleich ein zielsicheres Urteil fällen zu können. Nur eines war sicher: ich wollte studieren. Nach längeren Überlegungen schloß ich alle Studienrichtungen aus, die auf den Beruf als Arzt, Chemiker oder Landwirt, Lehrer oder Pfarrer vorbereiten sollen. So entschied ich mich schließlich für ein Studium der Rechtswissenschaft, um mich danach für den Justizdienst bewerben zu können. Dabei spielte sicherlich unterschwellig auch eine Rolle, daß ich irrtümlich dieses Studium für das kürzeste hielt, was bei meiner Vermögenslage und der meiner Eltern von ganz erheblicher Bedeutung war.

Da die amerikanischen Besatzungsorgane schon wieder Studienbewerbungen zuließen, stellte ich beim Sekretariat der Martin-Luther-Universität Halle–Wittenberg mit den entsprechenden Unterlagen den Antrag und erhielt bald darauf das Studienbuch und den Bescheid, daß ich mit Wirkung vom 16. Juli 1945 als Student der Rechte aufgenommen worden sei. Doch diese so reibungslos erscheinende Zulassung wurde bald wieder ausgesetzt, weil am 1. Juli der Besatzungswechsel in Kraft trat, und die nunmehr zuständigen sowjetischen Besatzungsbehörden offensichtlich eigene Vorstellungen über eine Zulassung zum Studium entwickeln und umsetzen wollten. Das hinderte aber die Studienbewerber nicht, sich inzwischen mit den Gebäuden und Einrichtungen ihrer gewählten Fachrichtung vertraut zu machen. So nahm auch ich den ersten Kontakt mit dem Gebäude der Rechts- und Staatswissenschaftlichen Fakultät auf, das für einen Fremden den so geheimnisvoll klingenden Namen „Thomasianum" trägt. Der sich dahinter verbergende Name Thomas oder Thomasius sagte mir damals noch gar nichts, aber bald erfuhr ich, daß der Jurist Christian Thomasius, der geistige Begründer der Universität Halle, als Namenspatron für das 1910/1911 errichtete Gebäude gewählt worden war. Im ersten Nachkriegssommer konnte ich selbstverständlich noch nicht ahnen, daß ich zehn Jahre später anläßlich des 300. Geburtstages dieser berühmten Persönlichkeit so viel über ihn und sein Wirken wissen mußte und schreiben sollte.

Das Thomasianum, wie es auch unter den Studierenden hieß, ist eines von mehreren Universitätsgebäuden am Universitätsplatz, postalisch Universitätsplatz 10a. Es steht zwischen dem Verwaltungs- oder Rektoratsgebäude und der Mensa „Zur Tulpe" an der Nordwestseite des Platzes und grenzt mit der Rückseite an die schmale, Kaulenberg benannte Straße, die Universitätsring und die tiefer gelegene Große Ulrichstraße verbindet. Vom Kaulenberg aus gesehen, ist es ein vierstöckiges Gebäude, vom höher gelegenen Universitätsplatz aus ein dreistöckiges mit drei großen, dreigeteilten Fenstern im Erdgeschoß und jeweils mit vier ebenso großen Fenstern im ersten und zweiten Stock. Erst beim Nähertreten zeigt sich, daß das Kellergeschoß mit drei großen Fenstern unterhalb des Platzniveaus liegt. Zwei schmale, aber tiefe, oberhalb durch eiserne Geländer gesicherte Schächte beiderseits des Eingangs sollen für einigermaßen erträgliche Lichtverhältnisse sorgen. Das Dachgeschoß, in den letzten Kriegswochen durch Brandbomben beschädigt, war damals zunächst nur notdürftig wiederhergestellt worden. Jetzt hat es wieder das ursprüngliche Aussehen.

Im Sommer 1945 stand ich erstmals und noch etwas verunsichert vor den sechs Stufen zur eichenen, wegen ihres erheblichen Gewichts nicht leicht zu öffnenden Eingangstür, neben der das Schild angebracht war: *Rechts- und Staatswissenschaftliche Fakultät. Der Dekan.* Mit dieser Einrichtung und ihren beiden Fachrichtungen Rechtswissenschaften und Staatswissenschaften, worunter im akademischen Lehrbetrieb meist nur die zum Studium der Wirtschaftswissenschaften erforderlichen Fächer zu verstehen sind, wollte ich damals den ersten Kontakt aufnehmen. Doch schon hinter der Tür erwartete mich in einem kleinen Vorraum ein weiterer neuer Begriff, mit dem ich zu diesem Zeitpunkt nichts anzufangen wußte; denn an den beiden Seitenwänden befinden sich noch heute, jeweils zwei eingemauerte Schaukästen für Nachrichten an die Studierenden, damals, d.h. zu meiner Studentenzeit links für die Wirtschaftswissenschaftler mit den Bezeichnungen *Volkswirtschaftl. Prüfungsamt und Staatswissenschaftliches Seminar* und rechts für die Juristen mit der Überschrift *Rechtswissenschaftliches Seminar* versehen. Zwangsläufig tauchte für uns Studienanfänger die Frage auf, was ist ein Rechtswissenschaftliches, was ein Staatswissenschaftliches Seminar, und worin besteht der Unterschied zur Rechts- und Staatswissenschaftlichen Fakultät. Wen hätte man damals gleich fragen können? Der Lehrbetrieb hatte ja noch nicht begonnen. Deshalb hier einige Erläuterungen zum Rechtswissenschaftlichen Seminar aus heutiger Sicht!

Während unter Fakultäten seit langem die Teile der Universitäten und Hochschulen verstanden werden, in die diese sich nach den Hauptwissenschaften gliedern, ist das Juristische oder später Rechtswissenschaftliche Seminar eine erst in der zweiten Hälfte des 19. Jahrhunderts entstandene akademische Einrichtung, welche den Zweck verfolgte, die Ausbildung der Studierenden für ihren künftigen Beruf durch Übungsvorlesungen, Anleitung zu selbständigen Arbeiten und Bereitstellung einer zweckentsprechenden Bibliothek zu fördern. Während die Lehrfragen im Laufe der Zeit allmählich in die Studienpläne eingegangen sind, blieb das Problem der Fachbibliothek bestehen. Sie war von Anfang an als eine außerordentlich wichtige Neuerung angesehen worden und ist es bis in die Gegenwart geblieben[1], weil die jeweiligen Universitätsbibliotheken bei der Vielzahl der Fachrichtungen im Verhältnis zu den insgesamt zur Verfügung stehenden finanziellen Mitteln meist nur eine unzureichende fachspezifische Ausstattung aufzuweisen haben. Und so entstand in Halle seit 1865 aus bescheidenen Anfängen heraus die Bibliothek des Juristischen, später Rechtswissenschaftlichen Seminars, die für Lehrkörper und Studenten einen großen Fortschritt bedeutete. Die staatlichen Mittel für studentische Sonderleistungen, wie Preise für hervorragende wissenschaftliche Arbeiten, wurden seither für den Ankauf von Fachbüchern und für die Einrichtung eines Lesezimmers eingesetzt. Sie flossen zwar nicht allzu reichhaltig, wurden aber durch Nutzer- und Seminargebühren soweit ergänzt, daß die Bibliotheksbestände anstiegen und Mitte der zwanziger Jahre des 20. Jahrhunderts schon über 10 000 Bände umfaßte, wozu erfreulicher Weise auch Bücherspenden beigetragen haben. Seit dem Bau des Thomasianum standen für ihre Unterbringung sogar zwei Lesesäle zur Verfügung.

Nun wieder zu meiner damaligen „Exkursion" zurück! Nach drei weiteren Stufen stand ich vor einer Windfangtür mit einer großen elektrischen Uhr darüber. Hinter dieser Tür begann und beginnt nach wie vor mit einem großen Vorraum das eigentliche Treppenhaus, an dessen linker Seite sich eine offensichtlich schon seit langem für die Studierenden stets verschlossene Verbindungstür zum Bereich des Universitätskurators, später Verwaltungsdirektors befand, deren Amtszimmer zum Leidwesen der Fakultät stets im Thomasianum untergebracht war und auch heute noch dem Kanzler zur Verfügung steht. Wie ich später feststellen konnte, wurde diese Tür auch von den Lehrkräften, die einen Schlüssel besaßen, äußerst selten benutzt, was sich inzwischen geändert hat. Alle anderen Räume im Erd- und im Kellergeschoß gehörten nach Wiedereröffnung der Universität im Jahre 1946 zum Verantwortungsbereich des Staatswissenschaftlichen Seminars, also der Wirtschaftswissenschaftler. Vermutlich war die Raumaufteilung schon 1914 erfolgt, als die Wirtschaftswissenschaftler aus der Philosophischen Fakultät ausgegliedert und mit den Juristen zur Rechts- und Staatswissenschaftlichen Fakultät vereinigt wurden.

Der Treppenaufgang zu den oberen Stockwerken, der am Geländer bis zum zweiten Stock mit einer Holzwand verkleidet war, endete vor dem ersten Stock mit einer Eingangstür, die nur mit einem speziellen Schlüssel geöffnet werden konnte. Die linke Tür gleich dahinter führte in das Vorzimmer des Dekans, und über dieses in dessen Amtszimmer. Die Fenster beider Räume sind nach dem Kaulenberg gerichtet. Die übrigen Räumlichkeiten der ersten und auch die der zweiten Etage, die im wesentlichen für den Studien- und Seminarbetrieb zur Verfügung standen, gehörten zum Rechtswissenschaftlichen Seminar. Sie waren so aufgeteilt, daß sich gegenüber der Eingangstür der Zugang zum großen Lesesaal mit Quellen und Literatur zum Öffentlichen Recht befand. Hohe und sehr stabile Regale standen fest verankert an den Wänden, gefüllt mit Gesetzessammlungen und Büchern, die, mit einer Signatur versehen, wiederum nach den Fachbereichen Staatsrecht, Verwaltungsrecht, Strafrecht, Völkerrecht usw. geordnet waren und nur in diesem Lesesaal benutzt werden durften, wozu im ausreichenden Maße Tische und Stühle für gleichzeitig 68 Benutzer zur Verfügung standen. Katalogkästen erleichterten die Orientierung in den Beständen. Drei große nach dem Universitätsplatz gerichtete Doppelfenster sorgten für eine ruhige und angenehme Atmosphäre. Rechts neben dem Lesesaal und durch eine Tür mit ihm verbunden, die nur bei Bedarf geöffnet wurde, sonst aber verschlossen blieb, war im Zimmer 16 ein Seminarraum eingerichtet worden, der auch vom Lehrkörper in den Vorlesungspausen als Aufenthaltsraum benutzt wurde. Auf dem Flur zwischen Lesesaal und Raum 16 saß an einem kleinen Tisch der körperlich behinderte Bibliotheksgehilfe Alex Keller, der bei meinem ersten Besuch so freundlich war, mir die Räumlichkeiten zu zeigen; denn es war ja, wie schon gesagt, noch kein Universitätsbetrieb. Als dieser aber einsetzte, trat er sehr energisch auf, was zu seiner kleinen und schwächlichen Statur nicht recht passen wollte. Er führte dann sehr akribisch das Anwesenheitsbuch mit genauer Uhrzeit und sorgte dafür, daß die Benutzer Mäntel, Mützen und Hüte sowie Taschen jeglicher Art in der Garderobe ablegten, damit nur kein Buch verloren ging. Die Garderobe war ein sehr kleines Zimmer mit Eingang gegenüber Raum 16. Daneben befanden sich noch eine Toilette und ein Zugang zum Rektorat im Nachbargebäude. Wer also diese Räume betreten oder benutzen wollte, mußte entweder zum Lehrkörper gehören oder Mitglied des Rechtswissenschaftlichen Seminars sein. Um Mitglied zu werden, mußte man sich anmelden und die jährliche Seminargebühr entrichten, worauf man den Schlüssel für die Eingangstür ausgehändigt bekam mit der Verpflichtung, sich beim Bibliotheksgehilfen jeweils an- und abzumelden. Im übrigen fiel mir am Ende des Flurs im ersten Stock ein sehr großer Schrank auf, der, damals offensichtlich unbeachtet blieb, aber wie ich später erfuhr, einen Teil der Spruchakten enthielt, die aus der 200jährigen rechtspraktischen Arbeit der Fakultät als Spruchkollegium stammten.

In der zweiten Etage war gleich gegenüber dem Treppenaufgang der Eingang zum Lesesaal für Zivil-, Handels- und Gesellschaftsrecht sowie für die entsprechenden Verfahrensrechte. Die Einrichtungen, die Aufstellung der Bücher sowie die Arbeitsbedingungen waren so wie im Lesesaal eine Etage tiefer, die beide nach Eröffnung der Martin-Luther-Universität am 1. Februar 1946 in den Monaten mit erträglichen Temperaturen immer gut von Studienanfängern, Examenskandidaten und Doktoranden besucht waren. In den Wintermonaten arbeiteten allerdings dort nur noch die Examenskandidaten, in Mäntel und Decken gehüllt sowie mit Kopfbedeckungen jeglicher Art in den dann noch ungeheizten Räumen.

Neben dem oberen Lesesaal und mit ihm durch eine Tür verbunden, befand sich das „Römisch-Recht-Zimmer", das in seinen ebenfalls sehr hohen Regalen nicht nur Quellen und Literatur zum Römischen Recht, sondern auch zu den deutschen Partikularrechten und zur deutschen Rechtsgeschichte verwahrte. Alle Fenster der zweiten Etage gaben nach Südwesten den Blick frei zum Universitätshauptgebäude, von den Studenten wegen ihres Aussehens „Kaffeemühle" genannt, und zum Universitätsplatz. Auf der Rückseite des zweiten Stockwerkes mit Blick zum Kaulenberg befanden sich links vom Treppenaufgang zwei größere Räume, die der Verwaltung des Rechtswissenschaftlichen Seminars mit seinen erheblichen Bibliotheksbeständen dienten. Im ersten Zimmer arbeitete der geschäftsführende Direktor – alle anderen Ordinarien waren Mitdirektoren – und ordnete nach den zur Verfügung stehenden finanziellen Mitteln die Auswahl und Anschaffung der Neuerscheinungen und der antiquarischen Schriften an. Er trug ferner dafür Sorge, daß eingetretene Bücherschäden von versierten Buchbindern wieder beseitigt wurden. Zur Durchführung dieser Aufgaben stand ihm der Bibliotheksgehilfe Gustav Goltze zur Verfügung, dem auch die Inventarisierung der Neuerwerbungen oblag. Sein Zimmer lag am linken Ende des Flurs zwischen Direktorzimmer und Römisch-Recht-Zimmer. Am rechten Ende des Flurs befanden sich eine Art Besenkammer für die Reinigungskräfte sowie eine Toilette. Mit gespannten Erwartungen ging ich noch die breite Treppe zum Dachgeschoß hinauf, stieß aber nur auf eine kleine verschlossene Tür. In dem kleinen Raum dahinter befanden sich verstaubte Regale mit gedruckten Dissertationen, wie mir der Bibliotheksgehilfe sagte. Ansonsten war unter dem Dach der Lebensraum zahlloser Tauben, deren Kot inzwischen zu einer ansehnlichen Schicht angewachsen war, die erst viel später von Fachleuten beseitigt werden konnte.

Dieser ersten Begegnung mit dem Thomasianum sollten noch viele, ja unzählige folgen – als Student, Assistent, Professor und Emeritus. In dieser Zeit traten erhebliche Veränderungen ein: die Auflösung des Rechtswissenschaftlichen Seminars und die Gründung von Instituten im Jahre 1952, der Auszug der Ökonomen nach der Erlangung ihrer Selbständigkeit als Fakultät im selben Jahr, kurz darauf der bauliche Durchbruch zur Tulpe in der zweiten Etage mit der Zuweisung weiterer Räume und schließlich die gründliche Renovierung und Neuaufteilung aller Räume, ab 1990, also nach der politischen Wende. – Die Eingangstür des Thomasianum ist aber heute immer noch so schwer zu öffnen, wie bei meinem ersten Besuch.

### Anmerkungen

[1] Lieselotte Jelowik: Tradition und Fortschritt. Die hallesche Juristenfakultät im 19. Jahrhundert (= Hallesche Schriften zum Recht 6), Köln-Berlin-Bonn-München 1998, S. 246–252.

*Sächsisches Lehnrecht und Weichbild von Christoph Zobel, Leipzig, 1589*

# Sächsisch Lehenrecht vnnd Weichbilt

Auffs new vbersehen / mit Summarijs, schönen newen Additionibus vnd Concordantien / so aus den gemeinen Keyser Rechten / anderer Landes gebreuchen / vnd vieler fürnemer dieser Lande Doctorn bericht vnd Ratschlägen / auch der Hoffgericht vnd Schöppenstuel üblichen Rechtsprüchen zusammen bracht / vnd nach den warhafften alten Exemplarn / an den Texten / Glossen vnd Allegaten vielfeltig gebessert: Auch etliche Vrteil / darinnen mancherley fälle / so in täglichem gebrauch gehalten werden / begrieffen / wie solches stückweise vnd ordentlich hernacher wird angezeigt werden. Zu nutz allen denen / so sich Sächsisch Rechten gebrauchen müssen /

Durch den Ehrnuehsten vnd Hochgelarten Herrn

## Christoff Zobel / der Rechten Doctorn / seligen / in der löblichen Vniuersitet zu Leipzig /

mit besonderm fleis zugerichtet. Sampt einem richtigen vnd vollstendigen Repertorio, auff die zwey Bücher vnd den Sachsenspiegel.

Mit Römischer Keyserlicher Mayestat / vnd Churfürstlicher Sächsischer Durchlauchtigkeit / Gnaden vnd priuilegien.

**Leipzig.**
Anno M. D. Lxxxix.

# Die ältesten Bücher der Juristischen Bibliothek

HEINER LÜCK

*Vorbemerkung*

Die heute sogenannte „Rechtsgeschichtliche Bibliothek" ist Bestandteil der Juristischen Zweigbibliothek, die seit 1998 im Juridicum[1] am Universitätsplatz ihr Domizil hat. Sie beinhaltet im wesentlichen die historischen Bestände juristischer Literatur und das moderne Schrifttum zur Rechtsgeschichte in einem ganz weiten Sinn.

Die von der „Rechtsgeschichtlichen Bibliothek" umfaßten Bücher waren bereits seit etwa der Mitte des 20. Jahrhunderts von der allgemeinen juristischen Bibliothek räumlich getrennt. Bis 1990/1991 standen sie im zweiten Obergeschoß des Thomasianums, teils im Büro der Lehrstuhlinhaberin Gertrud Schubart-Fikentscher (1896–1985)[2] und ihres Nachfolgers Rolf Lieberwirth[3], teils in zwei kleineren Magazinräumen über der „Tulpe", die vom Sitz des Lehrstuhls mühelos zu erreichen waren.

Infolge der Neugestaltung des Thomasianums und der Neustrukturierung der Lehrstühle wurden die „rechtsgeschichtlichen" Bestände in das Gebäude Advokatenweg 37 verbracht, wo von 1993 bis 1998 der neu errichtete Lehrstuhl für Bürgerliches Recht und Rechtsgeschichte untergebracht war. Im September 1998 folgte ein weiterer (bislang vorläufig letzter) Umzug in das Gebäude Universitätsring 4 (ehemals Germanistisches Institut). Dort befindet sich der ältere Teil („Altbestand") der „Rechtsgeschichtlichen Bibliothek" in einem größeren Raum im Erdgeschoß, der gleichzeitig als Besprechungs- und Seminarraum dient, sowie in fünf Büroräumen des ersten Obergeschosses. Die Aufstellung folgt mit Ausnahme des „Altbestandes" der Anfang der 1990er Jahre eingeführten Systematik. Auf Grund nicht eingetretener Kriegs-, Brand- oder sonstiger Schäden ist der historische Bestand der Bibliothek kaum gestört und daher ansehnlich vollständig. Insbesondere stehen nahezu alle relevanten Quellensammlungen, einschließlich territorialstaatlicher Gesetzessammlungen der Frühen Neuzeit, zur Verfügung. Man darf mit hoher Gewißheit annehmen, daß die während des 15., 16. und 17. Jahrhundert gedruckten Bücher bereits von der ersten Generation hallischer Jura-Professoren um Christian Thomasius (1655–1728) angeschafft und benutzt worden sind. Nur wenige Titel aus dieser Zeit wurden in jüngerer Zeit antiquarisch angekauft.

Nicht nur von besonderem ästhetischen Reiz, sondern auch von erheblichem wissenschaftlichen Wert, sind die ältesten Bücher, von denen hier einige kurz vorgestellt werden sollen. Auf Grund der stattlichen Anzahl von Bänden aus der Zeit zwischen etwa 1470 und 1700 erscheint eine Beschränkung auf das 15. und

16. Jahrhundert geboten. Damit stehen etwa 20 Bände einer näheren Betrachtung zur Verfügung. Sie repräsentieren sehr schön wichtige Literaturgattungen aus der Zeit der Rezeption der fremden Rechte, jenes europaweiten Prozesses, der letztlich das akademisch-wissenschaftliche Studium von Recht an den Universitäten bedingte und prägte. Ein knapper Überblick über die sehr komplexen Vorgänge ist vonnöten, um die ältesten Bücher der juristischen Bibliothek Halle wissenschaftsgeschichtlich und funktional einordnen zu können.

Das in Deutschland und Europa geltende Recht war zu Beginn der Frühen Neuzeit das *ius commune* (gemeines Recht), welches auf den mittelalterlichen und frühneuzeitlichen Bearbeitungen (Glossen und Kommentare) der römisch-rechtlichen und kirchenrechtlichen Texte beruhte.[4] Diese verdrängten dabei keineswegs die in den einzelnen Ländern und Landschaften eigenständig entstandenen Gewohnheitsrechte und Rechtsaufzeichnungen (*ius proprium*). Vielmehr kam das *ius commune* immer dann zur Anwendung, wenn die heimischen Rechte für ein bestimmtes Problem keine Lösung anboten. Das *ius commune* hatte somit zunächst eine lediglich subsidiäre Geltung. Im Laufe der Zeit begann sich diese Regel allerdings zugunsten des *ius commune* umzukehren, so daß zuerst immer auf das römische und kanonische Recht zurückgegriffen wurde. Erst in zweiter Linie konnten dem heimische Gewohnheiten und Rechtsregeln entgegen gehalten werden.[5] Dieser Prozeß verlief in den verschiedenen europäischen Ländern und in den deutschen Gebieten von seiner zeitlichen Abfolge und Intensität her sehr unterschiedlich ab. So konnten sich etwa in Nord-, Mittel- und Ostdeutschland sehr lange der *Sachsenspiegel* und das *Magdeburger Stadtrecht* als eigenständige Rechtsaufzeichnungen mit großer Autorität behaupten, auch wenn sie seit dem frühen 14. Jahrhundert mit dem römisch-kanonischen Recht verknüpft wurden.[6]

## I. Europäische Rechtswissenschaft

Als *Rezeption der fremden Rechte* bezeichnet man die Übernahme des an den mittelalterlichen Rechtsschulen Oberitaliens bearbeiteten römischen Rechts, des Kirchenrechts (kanonischen Rechts) und des langobardischen Lehnrechts.[7] Eine neuere Auffassung dazu verweist mit gutem Grund darauf, daß es im Kern um die im Umgang mit den römischen Quellen entwickelten Methoden und Begriffsapparate ging.[8] Letzteres macht deutlich, daß es sich bei der Rezeption im wesentlichen um einen wissenschaftsgeschichtlichen Vorgang handelt. Wie dem auch sei – die Kenntnis vom spätantiken römischen Recht, vom Kirchenrecht und vom langobardischen Lehnrecht gelangte auf verschiedenen Wegen und mit unterschiedlicher Intensität in die Rechtsordnungen der Länder, Territorien und Städte des mittelalterlichen Europas.

Zunächst waren auf dem Gebiet des 476 untergegangenen weströmischen Reiches zahlreiche Rechtsaufzeichnungen der germanischen Völkerschaften zwischen dem 5. und 8. Jahrhundert entstanden, welche teilweise stark an römisch-rechtliche Institutionen, Begriffe und Anschauungen angelehnt waren. Bei der Aufzeichnung einiger dieser *leges barbarorum* haben nachweislich römische Juristen mitgewirkt. Das betrifft beispielsweise das Gesetz der Westgoten für die in ihrem Reich lebende romanische Bevölkerung (*lex Romana Visigothorum*), welches auf der iberischen Halbinsel bis in das

12./13. Jahrhundert Anwendung fand.⁹ Von besonders nachhaltiger Wirkung sollten die Rechtsaufzeichnungen der Langobarden in Oberitalien werden. Sie schrieben ihr Recht ebenfalls unter starker Zuhilfenahme der römisch-rechtlichen Begriffe und Methoden auf. Von mehreren langobardischen Rechtssammlungen erlangten die Lehnrechtsbücher (*libri feudorum*) aus dem 12./13. Jahrhundert eine herausragende Bedeutung weit über das langobardische Siedlungsgebiet hinaus.¹⁰ Auf diese Weise ging die Kenntnis vom römischen Recht nicht verloren.

Ein zweiter Weg führte über die Kirche, die sich beim Aufbau ihrer Strukturen und inneren Rechtsverhältnisse an den in Rom überkommenen Rechtsnormen und Rechtsvorstellungen orientierte. Die Herausbildung eines eigenständigen Kirchenrechts war schon von seinem geographischen und politischen Kontext her untrennbar mit dem römischen Recht verbunden. Als es eine Kirchenrechtsordnung gab, wurde in Zweifelsfällen stets auf das römische Recht zurückgegriffen. Schon in den germanischen Volksrechten findet sich der Rechtssatz, daß die Kirche nach römischem Recht lebe.¹¹ Mit der Ausbreitung des Christentums wurde so römisches Rechtsgut in die gesamte Alte Welt getragen.

Am nachhaltigsten gelangte römisches Recht und das mit ihm eng verwandte Kirchenrecht jedoch mit dem Wirken der mittelalterlichen und frühneuzeitlichen Universitäten – vermittelt über die an ihnen ausgebildeten Juristen – in die Rechtsordnungen Europas. Die Studenten wurden ausschließlich anhand der römisch-rechtlichen und kirchenrechtlichen Quellen unterrichtet, so auch an der 1694 gegründeten Universität Halle. Erst um 1700 kam es allmählich zur Einrichtung von Extraordinariaten und Vorlesungen zum deutschen Recht. Der Beginn von Rechtswissenschaft und akademischer Juristenausbildung liegt in Bologna, wo schon im 11. Jahrhundert Rechtsunterricht stattfand.¹² Wenig später gesellte sich eine ganze Reihe weiterer Universitäten/Rechtsschulen¹³ hinzu wie Padua (1222), Neapel (1224), Perugia (1308) u. v. a. Nach oberitalienischem Vorbild kam es zunächst in Frankreich (Montpellier [13. Jahrhundert], Toulouse [1229], Paris [12. Jahrhundert] u. a.) und Spanien (Salamanca [vermutlich 1218/1219], Palencia [vermutlich 1208 bis 1214], Lérida [1300] u. a.) zu Universitätsgründungen, während die ältesten Universitäten Englands (Oxford [12. Jahrhundert], Cambridge [1209]) aus einer relativ eigenständigen Tradition hervorgingen. Im Gebiet des alten deutschen Reiches wurde zuerst in Prag 1348 eine Universität ins Leben gerufen. Es folgten Wien (1365), Heidelberg (1386), Köln (1388), Erfurt (1392) u. v. a., wobei hier wiederum deutlich die älteren Universitäten Italiens Pate standen.

Das heimische Recht spielte im Ausbildungsprogramm der Juristenfakultäten jahrhundertelang keine Rolle. Der Rechtsunterricht hatte an allen Universitäten Kontinentaleuropas den gleichen Inhalt.¹⁴ Vorgetragen wurde nicht etwa nach Sachmaterien (wie heute Zivilrecht, Strafrecht, Öffentliches Recht). Vielmehr wurden die Rechtsquellen selbst von den Rechtslehrern Buch für Buch, Titel für Titel, Paragraph für Paragraph – unter Einbeziehung der zeitgenössischen Interpretationen – vorgelesen. Danach waren auch die Lehrstühle strukturiert. Das führte zu dem Umstand, daß z. B. ein in Spanien ausgebildeter Jurist dieselben Texte und deren Interpretationen studierte wie seine Kommilitonen in Polen oder Ungarn. Es liegt auf der Hand, daß diese Juristen und ihre Rechtslehrer, ausgestattet mit Kenntnissen zu Rechtsnormen und Methoden, die in ganz Europa bekannt und anwendbar waren, überall ohne Rücksicht auf ihre Herkunft und ihren Studienort eingesetzt werden konnten. Das *ius commune* war die sie verbindende Grundlage. Lediglich England spielte hierbei eine gewisse Ausnahmerolle, hatte es sich doch ausdrücklich gegen eine Aufnahme römisch-rechtlicher Sätze und Rechtsgedanken gewandt.[15]

Dem *ius commune* wie dem akademischen Lehrbetrieb lag die groß angelegte Aufzeichnung des römischen Rechts zugrunde, welche der oströmische Kaiser *Justinian I.* (527–565) im Rahmen eines umfassenden Reformprogramms veranlaßt hatte. Eine von ihm eingesetzte Kommission von Juristen hatte die Aufgabe, die gesamte Überlieferung des römischen Rechts seit den letzten vorchristlichen Jahrhunderten durchzusehen, auf seine Eignung für den weiteren Gebrauch zu prüfen, Nützliches festzuhalten sowie Überholtes auszusondern. Auf diese Weise entstand zunächst eine in 12 Bücher untergliederte Sammlung von ca. 4 600 Kaisergesetzen (*constitutiones*), die unter der Bezeichnung *Codex [vetus]* 529 bzw. *Codex repetitae praelectionis* 534 von Justinian als geltendes Recht in Kraft gesetzt wurde.

Ferner kam eine noch viel umfangreichere Sammlung mit Schriften, Gutachten und Fallentscheidungen der klassischen römischen Juristen in 50 Büchern zustande, welche unter dem Namen *Digestum* oder *Pandectae* ebenfalls von Kaiser Justinian 533 als Gesetze verkündet wurden. Schließlich entstand im Zusammenhang mit diesen Sammlungen ein Lehrbuch zum Studium der Rechte (*Institutiones*). Der Kaiser autorisierte es 533 für die Juristenausbildung und verlieh ihm damit Rechtskraft. Nach dem Abschluß der Arbeiten an *Codex, Digesten* und *Institutionen* wurden weitere Gesetze Justinians (allerdings nicht offiziell) gesammelt und unter der Bezeichnung *leges novellae* veröffentlicht. Im Mittelalter fanden auch die *libri feudorum*, verschiedene Abänderungen nach Justinian sowie Gesetze deutscher Kaiser als *Authenticae* Aufnahme in die Novellen. Diese vier Textcorpora sollten über Jahrhunderte die Rechtsentwicklung in Europa bestimmen und bis auf den heutigen Tag den Gegenstand wissenschaftlicher Bearbeitungen bilden. Im 13. Jahrhundert tauchte dafür erstmals die Bezeichnung *Corpus iuris civilis* auf.[16] Im Jahre 1583 erschien die erste gedruckte Ausgabe unter diesem Titel. Das *Corpus iuris civilis (CIC)* bildet noch heute die Grundlage für die Ausbildung der gegenwärtigen Juristen im römischen Recht,[17] in Deutschland jedoch mit einer gewaltsamen Unterbrechung während der NS-Diktatur 1933 bis 1945, darüber hinaus im Gebiet der ehemaligen DDR bis 1990.

Die Struktur der Quellen gab die Lehrinhalte und Bezeichnungen der Professuren an den frühneuzeitlichen Juristenfakultäten vor. So gab es je einen Professor für den Codex, die Institutionen und für die Digesten. Wegen der immensen Stofffülle waren für die Digesten häufig zwei Professuren vorgesehen. Der ranghöchste Professor an einer Juristenfakultät war jedoch der Inhaber der Professur für das Kirchenrecht. Letzteres setzt sich aus vier großen Textgruppen zusammen. Den Ausgangspunkt bildet die erste systematische Zusammenfassung und Darstellung des Kirchenrechts, welche der Mönch *Gratian* (um 1140) in Bologna anfertigte (*Decretum Gratiani*). Ihr folgten 1234 der *Liber Extra* – eine in fünf Büchern angelegte Sammlung päpstlicher Entscheidungen (*Dekretalen*) –, 1298 der *Liber Sextus* – eine weitere Sammlung päpstlicher Entscheidungen und Gesetze – und 1317 die *Clementinen* als Ergänzungen. Die verschiedenen Teile wurden im Jahre 1580 erstmals unter dem Sammeltitel *Corpus iuris canonici* veröffentlicht. Es war in der katholischen Kirche bis 1918 geltendes Recht, um dann von einem neu gefaßten (1983 umfassend novellierten) *Codex iuris canonici* abgelöst zu werden.[18]

Sowohl die römisch-rechtlichen als auch die kirchenrechtlichen Texte wurden an den oberitalienischen Universitäten wissenschaftlich bearbeitet. Um die teilweise sehr alten Texte für die Gegenwart anwendbar zu machen, versahen die Rechtslehrer (ca. 11. bis spätes 13. Jahrhundert) die Texte mit knappen Randbemerkungen (*Glossen*) und später (seit dem 14. Jahrhundert) mit umfangreichen Erörterungen (*Kommentare*). Zu den angesehensten Autoritäten der europäischen Rechtswissenschaft zählten über Jahrhunderte der Glossator *Franciscus Accursius* (um 1185–1263)[19] sowie die Kommentatoren *Bartolus de Saxoferrato* (um 1313–1357)[20] und sein Schüler *Baldus de Ubaldis* (1327–1400).[21]

Die Glossatoren und Kommentatoren waren davon ausgegangen, daß die justinianischen Texte das klassische römische Recht der ersten christlichen Jahrhunderte überlieferten. Auf einzelne Rechtsfragen ihrer Zeit suchten sie durch begriffliche Kombinationen und Erläuterungen der Rechtsnormen in Form von Glossen und Kommentaren Antworten. Diese scholastisch geprägte Art des Umgangs mit den römischen Quellen wird in der Geschichte der Rechtswissenschaft als *mos italicus* bezeichnet.[22] Im Zusammenhang mit dem Humanismus erwachte im 15. Jahrhundert eine wissenschaftlich fundierte Hinwendung zu den klassischen Sprachen. Vor diesem geistesgeschichtlichen Hintergrund wurden vornehmlich seit dem 16. Jahrhundert nun auch die überkommenen Texte des römischen Rechts neu gelesen. Dazu gehörte es auch, die Texte in ihren Entstehungs- und Überlieferungskontext zu stellen. So wurde deutlich, daß es sich keineswegs um das klassische römische Recht, sondern um Texte auf unterschiedlichen Umformungsstufen handelte. Auch die griechischsprachige Überlieferung nach Justinian fand dabei nun Berücksichtigung. Vor allem hatten die Schöpfer der justinianischen Rechtssammlungen in die vorgefundenen Texte eingegriffen (*Interpolationen*). Die methodische Richtung der Rechtswissenschaft, die eine solche Betrachtungsweise der Quellen pflegte, nennt man *mos gallicus*.[23] Ihre Vertreter hatten es sich zur Aufgabe gemacht, unter Anwendung philologischer Methoden zum klassischen römischen Recht vorzudringen. In gewisser Abkehr von der wenig „eleganten" lateinischen Sprache des *CIC* kam für diese Stilrichtung auch die Bezeichnung „elegante Jurisprudenz" auf.[24] Die neue Methode wurde zuerst in Frankreich praktiziert und verbreitete sich von dort an andere europäische Universitäten.

Die Werke und Methoden sowohl der Vertreter des *mos italicus* als auch des *mos gallicus* bildeten neben der Literatur des Kirchenrechts elementare Grundbausteine der europäischen Rechtswissenschaft und wurden von Rechtslehrern an den Universitäten innerhalb und außerhalb Italiens fortentwickelt. Es ist daher kein Zufall, daß ihre Werke auch zur frühen Grundausstattung der hallischen Juristenfakultät gehörten.

## II. Kommentare zum römischen Recht[25]

An erster Stelle sei auf eine Ausgabe des Digesten-Kommentars von Bartolus de Saxoferrato hingewiesen.[26] Es handelt sich um einen Druck, der 1477/1478 im Großfolio-Format in Venedig erschienen ist. Als Drucker wird Nicolas Jenson (um 1420 bis nach 1480)[27] genannt. Auf Grund ihrer Entstehungszeit gehört die Ausgabe zur Gruppe der Wiegendrucke oder Inkunabeln.[28] Ein Band umfaßt das *Digestum vetus* (Buch 1 bis 24.2 der Digesten), die beiden anderen sind dem *Digestum novum* (Buch 39 bis 50 der Digesten)[29] gewidmet.[30] Der erstere weist einen Holz-Leder-Einband mit Spuren von zwei Schließen auf. Dem zweispaltig gedruckten Text mit roten Initialen und vielen handschriftlichen Randbemerkungen ist ein Pergamentblatt mit einem Inhaltsverzeichnis vorgesetzt (Abb. 1 und 2). Der Lederteil des Einbandes läßt ein Lilienmuster erkennen. Die Blätter sind handschriftlich foliiert (fol. 1–406). An die Blätter 149r und 404r sind Lesezeichen aus Pergamentschnipseln angenäht.[31] Im Titel werden die Digesten wie üblich mit „ff." abgekürzt.[32] An dieser Stelle sei darauf hingewiesen, daß die Erwerber von Büchern vom Spätmittelalter bis in die Frühe Neuzeit hinein lediglich den Buchblock, also die bedruckten Blätter, vom Buchdrucker/Verleger/Buchhändler erwarben. Das Binden war Sache des Erwerbers. Letzerer bestimmte, je nach Geldbeutel und Geschmack, auch häufig die Gestaltung der Einbände, etwa das Aufbringen des eigenen Wappens oder anderer Symbole auf den Einband (typisch für lederbezogene Einbände).[33]

Die Texte der beiden anderen Bände (Venedig 1478), welche die Kommentierung des Bartolus zum *Digestum novum* enthalten, sind ebenfalls auf je zwei Spalten pro Seite verteilt. Als Schmuckelemente wurden relativ große rote und blaue Initialen gewählt.[34]

Von Angelo Gambiglioni d'Arezzo (15. Jahrhundert), Rechtslehrer in Bologna und Ferrara,[35] stammt ein Kommentar zu den Institutionen.[36] Auf einem Vorsatzblatt ist handschriftlich der Kurztitel angegeben.[37] Der Band ist in halb lederbezogene Holzdeckel gebunden und weist Spuren von zwei breiten Lederschließen auf. Auf der ersten Seite befinden sich eine schöne blau-lila-graue Schmuckinitiale und weiterer Buchschmuck, u. a. am unteren Rand die Zeichnung eines Vogels und eines Bären, der an die Kette gelegt ist (Abb. 3). Über dem zweispaltig gedruckten Text ste-

*Abb. 1 Inhaltsverzeichnis des Bartolus-Kommentars zum Digestum vetus (Venedig 1477/1478), fol. 2r*

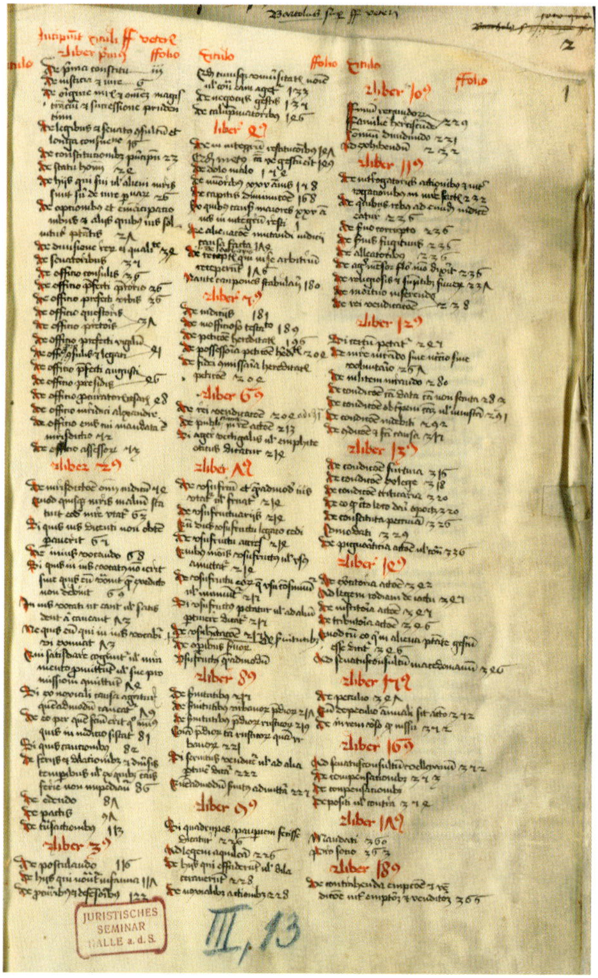

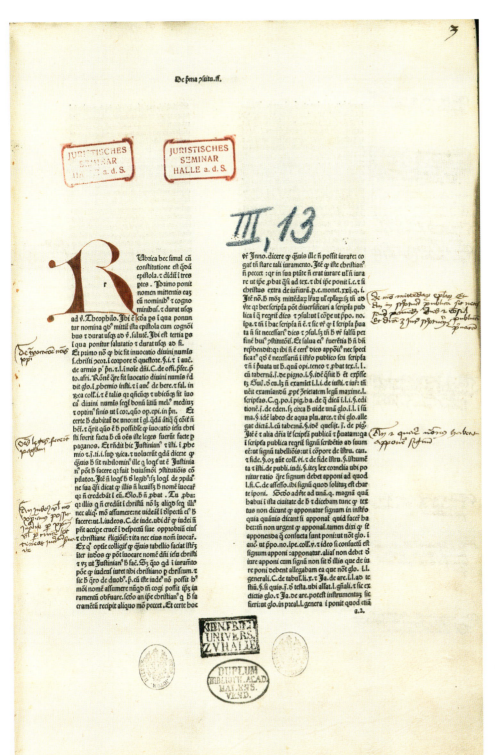

Abb. 2
Kommentar
des Bartolus
zum
Digestum
vetus
(Venedig
1477/1478),
fol. 3r

**Prologus in lecturam domini Angeli de Aretio super libros institutionū Justiniani imperatoris.**

Cum premiū virtutis illustrissime princeps honore esse ostēdat. Nam vt pclare ait Aristoteles ciuillis vite fere finis existimetur. omnes quotcūqz hijs tribus litterarū studijs incumbunt. p se queqz sūma ope niti decet vt excellentiū virtutū tuarū quibus nō solum ad teipm sz etiā vteris ad vniuersos inclite laudes honoresqz sūmi ppetuo durent. Verū cum de te quicqd ornate dicere nō valeā. qd in multo dicendi genere laboraui. sed quicqd ocij et tempis a domesticis ciuilibusqz negocijs mihi supfuit. id omne in iure ciuili legēdo atqz interptando assumpserim. visū est tamen cū nōnullos comētarios qntū ingenij mei paruitas pstare potuit·in ciuilibꝰ institutionū voluminē edidissem. necesse qz eas laborum meoꝝ. vigilias tuo nomini inscriberem. Quod qdem vt ego facerem et ille quas moto ōmemorani virtutes tue sedulo admonebāt·et tua quedam in meipsum amplissima beneficia nouissime coegerunt. Nam vt cetera omittā·cum bonarū artium et pclararū disciplinarū primuz gymnasiū in hanc tuā felicem. et inclitā vrbem reuocasses·nō fama nostra que tenuis admodū et exiǵua est. sed tua potius probitate ac etiā erga studiosos homines singulari beniuoletia motus. quanto studio et diligentia effeceris vt huc ōduceret. z ego aperte intellexi.et ceteri omnes facile pspicere potuerunt. Quare mecū hec ipe cogitans qz a tanto taliqz principe in quo lumen omne pbitatis virtutisqz relucet ad legendi officiū fuerim accersitus ingratū esse videbaē si nō aliquo mō animus in te meus·i·Angeli aretini fides in illustrissimā textensem domum atqz incredibilis in te obseruantia et deuotio innotesceret. Putaui igitur si qua in re iam a puero versatus essem et in ea potissimū aliquid elaborassem. id solū mihi reliqui esse quo meū in te animū aperīre. nō enim copijs vllis aut facultatibus ostendere potuissem·nec vnq vt ista et digna esse arbitrarer adduci possem. cū tua sane virtus ad altiora semp ptenderit euolare.hoc.s. illud erat vt omnis mea opa in tuū nomē deferaē quod nō ineptū factū videri debet.

Nam queadmodū tu prim9 extitisti qui hijs tribus in fertaria florentissima vrbe prīmum artium gymnasiū iā pridē intermixtū rursus instituisti. sic nostrū opus pma legū cunabula explicas tibi deuotū esse oportet·ac etiā vt ex auctoritate tua qdem illi nō mediocris accebat auctoritas qua ab hijs q fortasse labori meo eidem refragari voluerint penitus tuearz·Angelus de Aretio·

**Lectura Angeli de Aretio super Institutis Incipit.**

In nomine dūi nostri Jhesu cristi. Ista rubrica diuidit in qtuor partes.Primo ponit inuocatio diuini nominis p qua deus veneraē. In nomine dūi. Sedo pōnē descriptio impialis culminis pprij et appellatiuī tanq causa efficies.ibi. Impator cesar. Tercio ponit cui pns liber dirigitur.ibi. Cupide legū iuuentuti. Quarto ponitur queda particularis rubrica ad nigrū pxime sequēs.ibi. Incipit pmium. ¶ Nō primo qz Justinianus impator voles intēdere ad huius libri ōpilationē p reipublice tuitōne.ut.C. de iusti.cobi. cōfir. in prīn. humaneqz fragilitatē ppendēns q imbecillis est.vt.C. de veteri iur.enu.l. in pn. ibi.humane vero imbecillitati. Videnqz qz nullū bonū pt supedificari vbi xpiane fidei deficit fundamentū.ut no.C. de sum. trin. et fi. catho. sup rubrica. nō est ōfisus de sua potentia vel ingenio. sz omne eius spem referens ad sūme pudentia trinitatis·ut C̄. de veteri iur.enucli.l.j.in pn. inuocauit eius nomen. Ex quo nota qz sicut impator inuocat nomē dūi ihesu xpī ita z nos facere debemus. ōcordantie sunt in glo. Quod indu citur si notarius in instrumēto omittit dicta verba. In nomine dūi nostri ihesu xpī. an valeat eius instrumentū. Et Spec. in ti. de instru. edit.in.§. circa prin·et Jo. fa. Jo. de pla. doctor solēnis bononiēsis hic allegant glo. in auten. vt pponaē·no·imp. §. nos vero.in verbo. auctore.tenētes qz instrumentū nō valet.qd limitant in arduis negocijs.secus in leuibꝰ.vt. ar. in.l. leuia. z ibi bar. ff. de accus. ¶ Sed tn nō videē dicē illa glo. imo videtur dicere qz si ōsuetudine est qz nomē domini apponaē in instrumēto si nō apponeretur vicareē instrumentum. Ex quo sequiē qz cum hoc nō reperiaē iure cautū et maxime in requisitis ad substantiā instrumenti.de quibꝰ p glo.in.l. generali. C. de tabu.li.x.et Specu.m. d.§. qz si dicta inuocatio nominis domini ihesu xpī hen handschriftliche Kapitelüberschriften. Der Text ist mit einigen roten Initialen verziert. Diverse Unterstreichungen und handschriftliche Randbemerkungen belegen den Gebrauch des Buches. Der Band ist in der Druckerwerkstatt von Peter Drach d. J. (1477–1504)[38] in Speyer 1480 erschienen.[39] Die hier beschriebenen Bücher gehören zu jenen mit den größten räumlichen Maßen. Sie sind ca. 43 cm lang, ca. 29 cm breit und (einschließlich Einband) ca. 8 cm dick.

Während die Wiegendrucke in einer heute noch häufig benutzten Bibliothek eher selten sind, finden sich Bücher aus dem 16. Jahrhundert bereits in relativ stattlicher Anzahl. Aus dieser Zeit haben sich die Kommentare des Baldus de Ubaldis erhalten. Zunächst liegt wiederum ein Digestenkommentar vor – und zwar in Form eines ersten Teils zum *Digestum vetus* und *Digestum novum*, erschienen 1508 in Lyon.[40] Als Drucker wird Meister Nicolaus de Benedictis (vor 1481 – nach 1519)[41] genannt.[42] Unter dem Kolophon befindet sich das große Signet dieses Druckers. Als Schmuckelemente weist der Druck teilweise sehr schöne Initialen auf. Die Blätter sind von fol. I bis CCCXXXVIII foliiert.

Vom gleichen Autor stammt ein Kommentar zum Codex aus dem Jahre 1502[43], ebenfalls aus der Werkstatt des bereits genannten Nicolaus de Benedictis in Lyon.[44] Der Titel informiert darüber, daß in diese Ausgabe u. a. auch die Zusätze/Anmerkungen („additiones") des bedeutenden Alexander Tartagnis (de Imola) [um 1424–1477][45] und des Andrea Barbazza (15. Jahrhundert)[46] eingegangen sind (Abb. 4).[47] Der Text ist wiederum zweispaltig gedruckt; jeweils rechts und links davon befinden sich Randbemerkungen (Glossen). Das Buch enthält zwei selbständige Teile: Buch 1 bis 3 des Codex

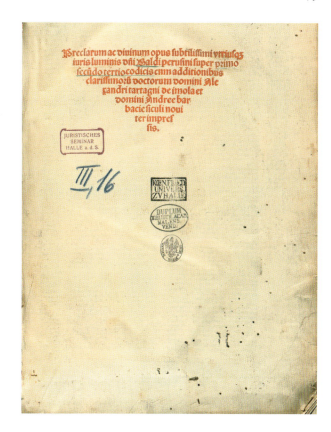

Abb. 4 Kommentar des Baldus zum Codex (Lyon 1502), Titelblatt

(Ende auf fol. 229); Buch 4 bis 5 des Codex (eigenständige Foliierung bis fol. 195).[48] Der Kolophon weist neben dem Text das Druckersignet auf. Auffällig sind in den Einband (innen) eingeklebte Reste von älteren Pergamenthandschriften, die teilweise farbig gestaltet sind. Ferner sind die relativ schönen Bibliotheksstempel (18. Jahrhundert) erwähnenswert.

Als letztes Beispiel dieser dem römischen Recht gewidmeten Literaturgattung sei auf einen Institutionenkommentar von Baptista de Tortis (15. Jahrhundert)[49] aus dem Jahr 1500, erschienen in Venedig, verwiesen.[50] Der in Großfolio hergestellte Band besitzt noch den Originaleinband aus Holz mit verziertem Lederbezug. Wie üblich konnten die Einbanddeckel mit Lederschließen verschlossen werden. Davon sind jedoch nur noch Reste erkennbar. Der Text ist zweispaltig gedruckt, wobei

Abb. 3 Vorlesung des Angelus über die Institutionen (Speyer 1480), fol. 1r

### III. Glossen zum Sachsenspiegel und zum Sächsischen Weichbild

Die Rezeption der fremden Rechte bewirkte nicht eine Außerkraftsetzung des heimischen Rechts. Vielmehr wurden die heimischen Rechte, in Nord- und Mitteldeutschland vornehmlich der Sachsenspiegel und das Magdeburger Stadtrecht, dem römisch-kanonischen Recht durch umfangreiche Glossenapparate angepaßt. Die früheste und wichtigste Glosse zum Sachsenspiegel-Landrecht wurde um 1325 von Johann von Buch (ca. 1290 – ca. 1356) verfaßt.[55] Ihre Weiterbearbeitungen sind in die gedruckten Sachsenspiegelausgaben des späten 15. Jahrhunderts und des 16. Jahrhunderts eingegangen. Zu den am meisten verbreiteten und benutzten Sachsenspiegelausgaben gehört jene, welche der Leipziger Rechtsprofessor Christoph Zobel (1499–1560)[56] erstmals 1535 in

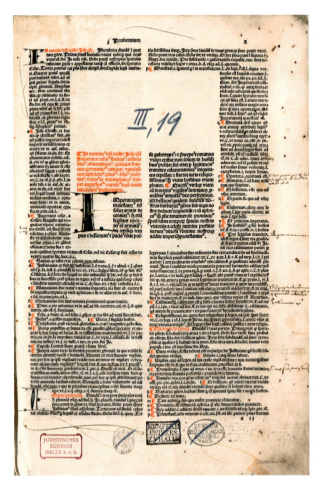

Abb. 5
Kommentar des Baptista de Tortis zu den Institutionen (Venedig 1500), fol. 2r

Abb. 6
Kommentar des Matthaeus Wesenbeck zu den Pandekten (Digesten), gen. „Paratitla" (Basel 1589), Titelblatt

sich der Institutionentext jeweils in der Mitte der Seite befindet und von der Glosse umgeben ist. Relativ kleine rote Initialen fallen als bescheidene Schmuckelemente auf (Abb. 5).[51]

Vor wenigen Jahren sind zwei Werke von Matthäus Wesenbeck (1531–1586)[52], einem der bedeutendsten Rechtslehrer von europäischem Rang an der Wittenberger Juristenfakultät, erworben worden. Sie sind in einen Band gebunden.[53] Es handelt sich um zwei Teile eines Codex-Kommentars, welcher unter der Kurzbezeichnung „Paratitla" in die Geschichte der europäischen Rechtswissenschaft eingegangen ist (Abb. 6).[54]

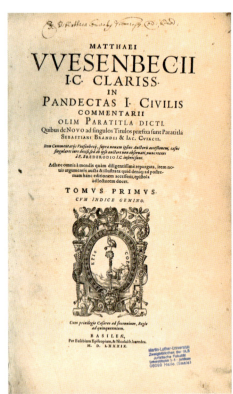

Leipzig bei Melchior Lotter d. Ä. (1495–1538)[57] drucken ließ.[58] Ein Exemplar befindet sich daher auch im Bestand der Rechtsgeschichtlichen Bibliothek.[59] Das Titelblatt ist leider verloren gegangen. Als Einband dienten Holzdeckel mit (halbem) Lederbezug. Reste von zwei Schließen sind deutlich zu erkennen. Im inneren Einbanddeckel befindet sich die Angabe eines der früheren Eigentümer des Buches: „D. Mauritius Rothe. Saxo. Nivermontanus./1847".[60] Der zweispaltige Druck fällt durch schöne, teilweise figürlich gestaltete Initialen auf. Der Text ist foliiert (fol. 1–271; 1–34). Handschriftliche Zusätze weisen auf Erscheinungsort und Druckerwerkstatt hin. Bemerkenswert ist auch der Hinweis darauf, daß der Sachsenspiegel als Druckausgabe erstmals 1474 in Basel erschienen ist.[61]

In diese Literaturgattung gehört auch eine Ausgabe des Sächsischen Weichbildes[62] (= Magdeburger Stadtrechts), welche in Bautzen 1557 bei Nikolaus Wolrab (vor 1555–1560?)[63] gedruckt wurde (Abb. 7).[64] Unter dem Kolophon[65] erscheint ein schönes Druckersignet.

Das Buch ist in einen Holzeinband mit Lederbezug gebunden. Letzterer weist eine aufwendige Verzierung auf. Die beiden Schließen sind bis auf geringe Reste verloren gegangen. Der Band beinhaltet die glossierte Ausgabe des Sächsischen Weichbildes mit Weichbildchronik. Daran schließt sich das Remissorium[66] zum Weichbild und zum Sachsenspiegel-Lehnrecht an.[67]

Ein vorläufiges Ende dieser Entwicklung vom Sachsenspiegel-Text des 13. Jahrhunderts über die Glossierungen des 14. und 15. Jahrhunderts markiert die Ausgabe des Sachsenspiegel-Landrechts von dem Wittenberger Rechtsprofessor Melchior Kling (1504–1571)[68], erschienen in Leipzig 1572 (Abb. 8).[69] Der Autor versucht in diesem Werk, das sächsische

*Abb. 7 Sächsisches Weichbild, Lehnrecht und Remissorium (Bautzen 1557), Titelblatt*

*Abb. 8 Das Sächsische Landrecht des Melchior Kling (Leipzig 1572), Titelblatt*

Landrecht an die Bedingungen des gelehrten Rechts des 16. Jahrhunderts anzugleichen. Sein Erscheinungsjahr fällt nicht ganz zufällig mit der Verabschiedung der „Kursächsischen Konstitutionen" von 1572[70] zusammen, mit welchen die unterschiedliche Spruchtätigkeit der höchsten kursächsischen Gerichte und Spruchkollegien (Hofgericht, Schöffenstuhl und Juristenfakultät je in Leipzig und Wittenberg) vereinheitlicht werden sollte. Diese landesherrliche Gesetzgebung zeigt aber auch an, daß das rezipierte römisch-kanonische Recht endlich auch in Kursachsen Fuß gefaßt hat.

### IV. Darstellungen des römisch-kanonischen Rechts für Laien

Die Rezeption der fremden Rechte bewirkte neben einer Professionalisierung des materiellen und formellen Rechts eine Umgestaltung des Gerichtswesens. Während die weltlichen Gerichte im Mittelalter und zu Beginn der Frühen Neuzeit prinzipiell mit Laien besetzt waren, erforderte das rasante Vordringen des römisch-kanonischen Rechts den akademisch gebildeten Richter. Diese Ambivalenz charakterisierte einige Jahrhunderte hindurch die deutsche Rechtspraxis. Zur Überwindung der Diskrepanz wurde nicht nur die Einholung von Gutachten- und Urteilen bei den Juristenfakultäten institutionalisiert, sondern auch ein entsprechendes, an Laien gerichtetes Schrifttum geschaffen, welches jene auf belehrende Weise an das römisch-kanonische (gelehrte) Recht heranführen wollte. Exponierte Vertreter dieser Literaturgattung der Rezeptionszeit sind der *Klagspiegel* und der *Laienspiegel*. Da auch die Professoren der hallischen Juristenfakultät von Anfang (1694) an mit der Rechtspraxis ihrer näheren und ferneren Umgebung befaßt waren,[71] nimmt es nicht wunder, daß sowohl der Klagspiegel[72] als auch der Laienspiegel[73] im Bestand der Bibliothek vertreten sind. Beide Werke, erschienen in Straßburg 1553 bzw. 1560, sind in einem Band zusammen gebunden.[74] Als Drucker sind Wendelin Rihel (vor 1525–1555)[75] und Georg Messerschmidt (vor 1542–nach 1560)[76] ausgewiesen. Der Einband besteht aus Holzplatten mit halbem Lederbezug. Der Rest von zwei Schließen ist gut erkennbar. Ein ganzseitiger Titelstich ist einer Vorrede und einem (nicht paginierten) Register vorangestellt. Es folgt der von fol. I bis fol. CXXXV paginierte Text des Klagspiegels.[77] Daran schließen sich Vorrede, Text (fol. I–CXXVII) und Register des Laienspiegels an. Titelstich und Kolophon sind bis auf die Jahreszahl (1560) identisch mit den Entsprechungen im Klagspiegel. Bemerkenswert ist auch das Ex libris im Einbanddeckel (wohl 18. Jahrhundert), welches die Herkunft des Buches aus der Bibliothek eines Rigaer Ratsherrn anzeigt.[78]

Der Klagspiegel ist um 1425 von einem unbekannten Verfasser in Schwäbisch Hall geschaffen worden. Zwischen 1460 und 1470 erschien der erste Druck (ohne Titel). Relativ viele Drucke folgten, von denen die von Sebastian Brant[79] (1457–1521) besorgte Ausgabe die weiteste Verbreitung erfuhr. Das führte auch zu der irrtümlichen Annahme, daß Brant der Verfasser des Buches sei. Neuere Forschungen scheinen den echten Verfasser des Buches identifiziert zu haben: den Schwäbisch Haller Stadtschreiber Conrad Heyden[80](†1444). Inhaltlich geht des darum, das rezipierte römisch-kanonische Recht und den dazu gehörigen Prozeß auf einfache Weise den juristischen Laien nahezubringen. Der Klagspiegel ist so das älteste und umfassendste Kompendium des römisch-

Rechts in deutscher Sprache.⁸¹ Dabei wird die Geltung der heimischen Rechte und Gewohnheiten nicht bezweifelt.

Mehrere Jahrzehnte nach Entstehung des Klagspiegels gab Sebastian Brant 1509 ein ähnliches Buch unter dem Titel „Laienspiegel" heraus,⁸² dessen Autor Ulrich Tenngler⁸³ (um 1447–1511), Stadtschreiber in Nördlingen und pfalzbayerischer Landvogt zu Höchstett, ist. Das Werk, welches auf dem Klagspiegel aufbaut, richtet sich auf Grund seiner starken Betonung des Prozesses vornehmlich an die in der Rechtspraxis tätigen Laien. Das Werk hat in drei Büchern die weltlichen Herrschaftsträger, die Gerichtsverfassung, das Privatrecht und das Strafverfahren auf römisch-rechtlicher Grundlage zum Gegenstand. In ihm sind zudem mehrere bedeutende Reichsgesetze verarbeitet.

## V. Quellenausgaben

Auch einige interessante Quellenausgaben haben sich aus dem 16. Jahrhundert erhalten. Dazu zählt ein Druck der *Bambergischen Halsgerichtsordnung*⁸⁴ (*Constitutio Criminalis Bambergensis*) von 1507 – der Vorgängerin der *Constitutio Criminalis Carolina* von 1532 – mit sehr schönem Titelstich (Abb. 10). Die Ausgabe ist 1580 bei Johann Wagner (vor 1567–1580/1581)⁸⁵ in Bamberg gedruckt worden.⁸⁶ Der Text ist in einen lederbezogenen Pappeinband gebunden. Die Blätter sind foliiert (fol. 1–72). Die Ausgabe enthält nicht weniger als 21 (größtenteils ganzseitige) Holzschnitte (Abb. 9, 12).

Von besonderem Interesse ist auch eine frühe Ausgabe von Germanenrechten (*leges barbarorum*), und zwar der *Lex Salica, Lex Ripuaria, Lex Alamannorum, Lex Saxonum*⁸⁷*, Lex Thuringorum, Lex Frisionum, Lex Burgundionum* u. a.⁸⁸ Die Edition wurde von Johannes Herold (1514–vor 1567)⁸⁹ besorgt und erschien 1557 in Basel.⁹⁰ Als Drucker ist im Kolophon Heinrich Petri (1506–1579)⁹¹ ausgewiesen.

## VI. Traktate über die Hexerei

In einer Bibliothek, mit deren Beständen Christian Thomasius seit etwa 1700 seinen letztlich erfolgreichen Kampf gegen die Hexereiprozesse antrat,⁹² dürfen Abhandlungen über die Hexen und ihren Prozeß natürlich nicht fehlen. Zwei Drucke aus dem 16. Jahrhundert sollen hier genannt sein. Da ist zunächst der berühmte *Hexenhammer* (*Malleus maleficarum*)⁹³, jene Anleitung zum Erkennen und Überführen

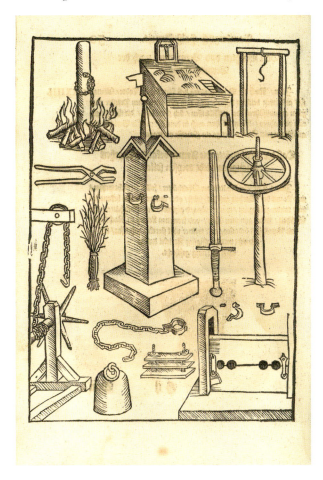

*Abb. 9 Bambergische Peinliche Halsgerichts-Ordnung (Bamberg 1580), Hinrichtungs- und Folterwerkzeuge*

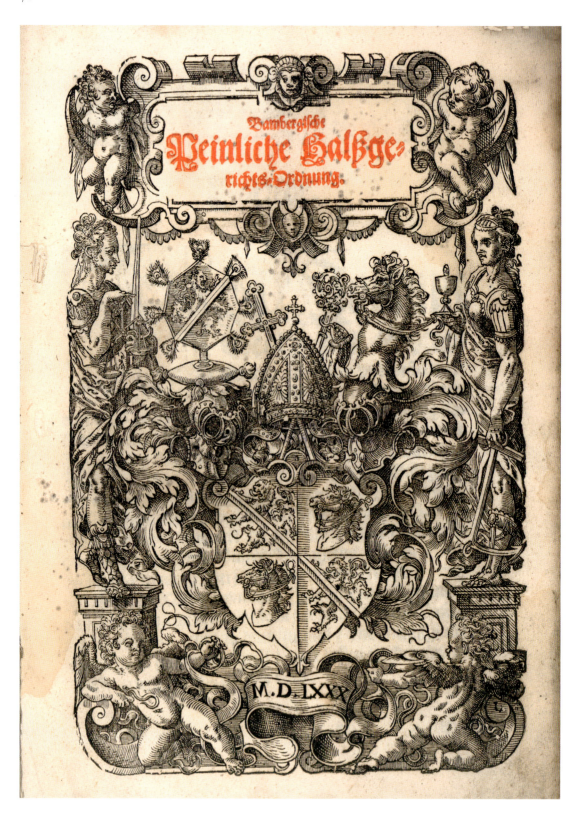

von Personen, die der Hexerei verdächtig sind.⁹⁴ Es handelt sich hierbei um eine 1574 in Venedig erschienene Ausgabe (Abb. 11).⁹⁵ Sie enthält neben dem Text des Hexenhammers eine Vorrede, ein Vorwort des Autors, den Tenor der päpstlichen Bulle Innozenz' VIII. (1448–1492) gegen Häretiker und Hexen vom 5. Dezember 1484, einen alphabetischen Index und ein Verzeichnis der Fragen (*tabula quaestionum*). Der Hexenhammer entstand im wesentlichen 1486. Schon ein Jahr später lag das Werk in gedruckter Form vor; der Erstdruck wird der Werkstatt des Peter Drach in Speyer zugeschrieben.⁹⁶ Als Verfasser gelten Heinrich Kramer (1430–1505) und Jacob Sprenger (um 1437–1495). Ein weiteres Werk dieses Genres ist ein Traktat des Theologie-Professors Martin von Arles⁹⁷ – erschienen 1559/1560 in Rom.⁹⁸

*Schluß*

Diese exemplarische Übersicht hatte die Aufgabe, einen Eindruck vom ehrwürdigen Alter und der originären europäischen Relevanz der Bibliothek der Juristischen Fakultät Halle zu vermitteln. Die Erhaltung dieses wunderbaren Buchbestandes und die Pflege der Methoden seiner geistig gewinnbringenden Erschließung sind unverzichtbare Aufgaben unserer Generation, aber auch jener, die auf uns Heutige folgen werden.

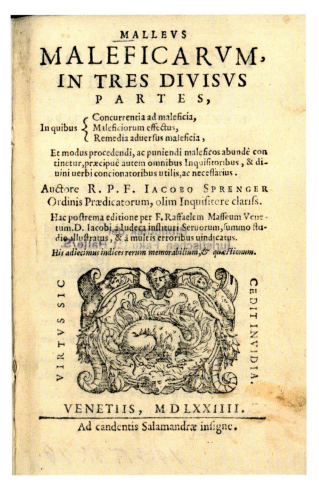

*Abb. 11 Hexenhammer (Venedig 1574), Titelblatt*

**Anmerkungen**

1. Vgl. dazu Karl-Ernst Wehnert: Die Zweigbibliothek Rechtswissenschaft im neuen Juridicum der Martin-Luther-Universität Halle-Wittenberg, in: Bibliothek 27 (2003), S. 93–95.
2. Ordentliche Professorin in Halle von 1948 bis zur Emeritierung 1956 (erste Frau auf einem juristischen Ordinariat in Deutschland!). Vgl. Rolf Lieberwirth: Gertrud Schubart-Fikentscher (1896 bis 1985), in: Rechtsgeschichte in Halle, hg. von Rolf Lieberwirth, Köln-Berlin-Bonn-München 1998, S. 1–10.
3. Ordentlicher Professor in Halle von 1969 bis zur Emeritierung 1986.
4. Alfred Söllner: Römisches Recht in Deutschland, in: Handwörterbuch zur deutschen Rechtsgeschichte, hg. von Adalbert Erler u. Ekkehard Kaufmann unter philologischer Mitarbeit von Ruth Schmidt-Wiegand (HRG), Bd. 4, Berlin 1990, Sp. 1126–1132.

*Abb. 10 Bambergische Peinliche Halsgerichts-Ordnung (Bamberg 1580), Titelblatt*

5 Hans Schlosser: Grundzüge der Neueren Privatrechtsgeschichte. Rechtsentwicklungen im europäischen Kontext, 9. Aufl., Heidelberg 2001, S. 3.

6 Gemeint sind die Glossen zum Sachsenspiegel-Landrecht, Sachsenspiegel-Lehnrecht und Magdeburger Weichbild. Darin werden die einzelnen Textstellen dieser deutschen Rechtsbücher mit Quellen des römischen Rechts und des Kirchenrechts in Verbindung gebracht. Vgl. dazu Gerhard Buchda: Landrechtsglosse, in: HRG 3 (1984), Sp. 1540–1545; Rolf Lieberwirth: Die geplanten Editionen von Sachsenspiegel-Glossen, in: Historische Forschung in Sachsen-Anhalt. Ein Kolloquium anläßlich des 65. Geburtstages von Walter Zöllner, hg. von Heiner Lück u. Werner Freitag (= Abhandlungen der Sächsischen Akademie der Wissenschaften zu Leipzig, Philolog.-histor. Klasse 76/3), Stuttgart/Leipzig 1999, S. 105–124; Dietlinde Munzel: Weichbildglosse, in: HRG 5 (1998), Sp. 1212–1213.

7 Vgl. den instruktiven Überblick von Bernd Schildt: Die Rezeption des römischen Rechts, in: JURA 7/2003, S. 450–455, sowie Dieter Giesen: Rezeption fremder Rechte, in: HRG 4 (1990), Sp. 995–1004.

8 Hans Kiefner: Rezeption, privatrechtlich, in: HRG 4 (1990), Sp. 970–984, hier Sp. 970 f.

9 Schlosser (wie Anm. 5), S. 9 f.

10 Ebd., S. 47 f.; Heiner Lück: Lehnsrecht, in: Der Neue Pauly. Enzyklopädie der Antike. Rezeptions- und Wissenschaftsgeschichte, Bd. 15/I, Stuttgart-Weimar 2001, Sp. 99–102.

11 Adalbert Erler: Ecclesia vivit lege Romana, in: HRG 1 (1971), Sp. 798–799.

12 Vgl. Peter Landau: Bologna. Die Anfänge der europäischen Rechtswissenschaft, in: Stätten des Geistes. Große Universitäten Europas von der Antike bis zur Gegenwart, hg. von Alexander Demandt, Köln-Weimar-Wien 1999, S. 59–74.

13 Die Angaben zur Gründungszeit folgen Helmut Coing: Die juristische Fakultät und ihr Lehrprogramm, in: Handbuch der Quellen und Literatur der neueren europäischen Privatrechtsgeschichte, hg. von Helmut Coing, Bd. I, München 1973, S. 39–128, hier S. 97–128.

14 Vgl. ebd., S. 39 ff.

15 Peter G. Stein: Römisches Recht und Europa. Die Geschichte einer Rechtskultur. Aus dem Englischen von Klaus Luig, Frankfurt a. M. 1996, S. 144 ff.

16 Schlosser (wie Anm. 5), S. 30.

17 Eine moderne textkritische Ausgabe mit deutscher Übersetzung befindet sich z. Z. im Erscheinen: Corpus Iuris Civilis. Text und Übersetzung, hg. von Okko Behrends, Rolf Knütel, Berthold Kupisch, Hans Hermann Seiler, Bd. I: Institutionen, 2. Aufl., Heidelberg 1997; Bd. II: Digesten 1-10, Heidelberg 1995; Bd. III: Digesten 11-20, Heidelberg 1999.

18 Vgl. Schlosser (wie Anm. 5), S. 22 ff.

19 Susanne Lepsius: Accursius (um 1183–um 1263), in: Handwörterbuch zur deutschen Rechtsgeschichte, hg. von Albrecht Cordes, Heiner Lück u. Dieter Werkmüller unter philologischer Mitarbeit von Ruth Schmidt-Wiegand, 2. Aufl. (HRG²), 1. Lieferung, Berlin 2004, Sp. 58–59; Peter Weimar: Accursius, in: Juristen. Ein biographisches Lexikon. Von der Antike bis zum 20. Jahrhundert, hg. von Michael Stolleis, München 2001, S. 18–19.

20 Peter Weimar: Bartolus de Saxoferrato, in: Juristen (wie Anm. 19), S. 67–68; Susanne Lepsius: Bartolus de Saxoferrato (1313/14–1357), in: HRG², 2. Lieferung, Sp. 450–453.

21 Peter Weimar: Baldus de Ubaldis, in: Juristen (wie Anm. 19), S. 58–59; ders.: Baldus de Ubaldis (1327–1400), in: HRG², 2. Lieferung, Sp. 410–412.

22 Vgl. dazu Klaus Luig: mos gallicus, mos italicus, in: HRG 3 (1984), Sp. 691–698.

23 Ebd.

24 Vgl. Schlosser (wie Anm. 5), S. 71 ff.

25 In diesem Abschnitt wird der Übersichtlichkeit halber im wesentlichen nur die leicht erreichbare biographische Literatur und Studienliteratur zitiert. Als umfassendes Standardwerk zu den hier berührten Autoren, Literaturgattungen, einzelnen Titeln und den unterschiedlichen Strömungen innerhalb der Rechtswissenschaft in dem hier behandelten Zeitraum steht zur Verfügung: Handbuch der Quellen und Literatur der neueren europäischen Privatrechtsgeschichte, hg. von Helmut Coing, Bd. I (wie Anm. 13), Bde. II/1 u. II/2, München 1976/1977.

26 Signatur: III, 13.

27 S. Corsten: Jenson, Nicolas, in: Lexikon des gesamten Buchwesens, hg. von Severin Corsten u. a., 2. Aufl. (LGB²), Bd. IV, Stuttgart 1995, S. 84–85.

28 Vgl. dazu W. Schmitz: Inkunabel, in: LGB² III (1991), S. 618–620.

29 Coing I (wie Anm. 25), S. 156.

30 Der Kommentar zum mittleren Teil der Digesten (*Infortiatum* = Buch 24.3 bis 38) ist in der Bibliothek nicht mehr vorhanden.

31 Der Kolophon auf fol. 404r lautet: *Explicit secu(n)da pars d(omi)ni. Bartoli de saxo / ferrato super. ff. vet(er)i optime emendata venecijs / i(m)pressa per magistru(m) Nicolau(m) Jenso(n) gallum. / anno d(omi)ni. icccclxxvij* (sic ! H. L.). *cetere vero lecture Bar / toli erunt per eunde(que) co(m)plete p(er) totam quadra / gesimam p(ro)xime venturam.* Bei den in Klammern gesetzten Zei-

chen handelt es sich hier und in den folgenden Anmerkungen um aufgelöste Abbreviaturen.

32 Die Abbreviatur entstand durch nicht genügend sorgfältiges Abschreiben des griechischen Buchstaben Π in den griechisch-sprachigen Überlieferungen der Digesten (Pandekten). Dabei verrutschte zunehmend der obere Querstrich nach unten, so daß er häufig etwa in der Mitte die beiden Längsstriche des Buchstabens durchquerte. In den Drucken erscheint daher folgerichtig „ff.". Daher kommt die bekannte Redewendung „etwas aus dem Eff-eff schütteln".

33 Vgl. F. A. Schmidt-Künsemüller/D.-E. Petersen: Einbandtechnik, in: LGB² II (1989), S. 435–436.

34 Die Kolophone lauten: *Explicit lectura d(omi)ni. Barto(li). de saxoferrato / sup(er) pri(m)a parte. ff. noui optime eme(n)data venetijs / impressa per Nicolaum Jenson gallicum. / Anno d(omi)ni. M.cccc.lxxviij.* und *Finis se(cundae) partis eximij legum doctoris d(omi)ni / Bartoli super. ff. nouo: venetijs Impresse per / Nicolaum Je(n)son gallicum M. ccccxxij.*

35 Ingrid Baumgärtner: Rechtsnorm und Rechtsanwendung in der venezianischen Terraferma des 15. Jahrhunderts: Die Consilia von Bartolomeo Cipolla, in: Consilia im späten Mittelalter. Zum historischen Aussagewert einer Quellengattung, Sigmaringen 1995, S. 79–111, hier S. 86; Domenico u. Paola Maffei: Angelo Gambiglioni giureconsulto aretino del Quattrocento. La vita, i libri, le opera, Roma 1994.

36 Signatur: III, 20.

37 Lectura angelii super instituta. Auf fol. 1r der gedruckte Titel: „*Lectura Angeli de Aretio / super institutis Incipit.*"

38 Zum Druckort Speyer und zu Peter Drach d. J. vgl. Josef Benzing: Die Buchdrucker des 16. und 17. Jahrhunderts im deutschen Sprachgebiet, 2. Aufl., Wiesbaden 1982, S. 422 f.

39 Auf der letzten Seite ist der Kolophon zu lesen: *Solennis et aurea famo- / sissimi legu(m) doctoris Ange / li de Gambilionibus de Are / tio super om(n)ibus Instituti / onu(m) libris lectura (tribus so / lu(m) titulis quos ad partem / ementauit exceptis) impres / sa in insigni Spirensiu(m) vrbe / factore Petro Drach ciue in / ibi. Octano (sic! H. L.) Kale(n). Marcij An / no d(omi)ni Millesimoquadrin= / gentesimo octuagesimo fe / liciter finit.*

40 Signatur: III, 15. Titel: *Co(m)mentaria preclarissima domini Bal(di). de perusio in pri / ma(m) (et) secunda(m) parte(m). ff. veteris cu(m) nouis eiusde(m) Bal(di). ad / ditionib(us) (et) aureis Trac. de pactis et de I(n)stitu. quos / alia huius(que) impressa non habe(n)t necnon peruti / lissimis additionibus (et) apostillis d(omi)ni. Bene / dicti de vadis de forosempronij. I. v. do / cto. Postremo(que) reuisa per magistru(m) / Joanne(m) de gradib(us) vtrius(que) iuris / professore(m). magistru(m)q(ue)* reque- / *starmu(m) Illustrissimi franco / rum regis principis chri / stia(n)issimi Additio(n)ib(us) / etia(m) nouis isertis. / Impressa in re- / gia vrbe Lug / dunensi.*

41 P. Amelung: Benedictus, Nicolaus de, in: LGB² I, S. 291–292.

42 Kolophon auf fol. CCCXXXVIIIr: *Explectu(m) est com(m)ent(ari)u(m) excele(n)tissimi. ll. doc. d. Bal. de Ubal / dis de perusio sup(er). p(rim)a. p(ar)te. ff. veteris. Cum eiusdem do. Bal. addi / tionib(us). necno(n) cum nonnullis apostillis d(omi)ni. B(e)n(e)dicti de vadis. / de forosempronij. ll. doc. nouiterq(ue). correctu(m) per magistru(m) Joan / ne(m) de gradib(us) vtriusq(ue). iuris p(ro)fessore(m) Impressumq(ue) in inclyta ac / regia vrbe Lugdunen(sis). per magistru(m) Nicolaum de benedictis. / Anno d(omi)ni. M. ccccviij. die vo. xiiij. me(n)sis octobris.*

43 Signatur: III, 16.

44 Kolophon auf fol. 229r: *Baldi perusini iurisconsulti clarissimi in primu(m) secu(n) / du(m) (et) tertiu(m) libru(m) Codicis Justiniani lectura diligenti stu- / dio ac cura eme(n)data correctaq(ue). felicit explicit vna cu(m) ad / ditio(n)ib(us) nouis clarissimi vtriusque. iur. monarche d. An / dree Barbacie siculi nouiter impressis. Impressa p(er) ma / gistru(m) Nicolau(m) de benedictis. / M.ccccij. die. xiiij. Feb.*

45 Peter Weimar: Alexander de Tartagnis, in: Juristen (wie Anm. 19), S. 29 f. Vgl. auch Coing I (wie Anm. 25), S. 273.

46 Vincenzo Colli: I libri consiliorum. Note sulla formazione e diffusione delle raccolte di consilia dei giuristi dei secoli XIV-XV, in: Consilia im späten Mittelalter (wie Anm. 35), S. 225–235, hier: S. 230, 233.

47 *Preclarum ac diuinum opus subtilissimi vtriusq(ue) / iuris luminis d(omi)ni. Baldi perusini super primo / secu(n)do tertio codicis cum additionibus / clarissimoru(m) doctorum domini Ale / xandritartagni de imola et / domini Andree bar / bacie siculi noui / ter impres / sis.*

48 Auf fol. 195r auch eigenständiger Kolophon (ganz ähnlich dem oben zitierten).

49 Coing II/1 (wie Anm. 25), S. 652 f.

50 Signatur: III, 19.

51 Kolophon auf letztem Blatt: *Venetijs Baptistam / de tortis M. CCCCC die septimo octobris.*

52 Vgl. Heiner Lück: Matthäus Wesenbeck (1531 bis 1586). Professor der Jurisprudenz in Wittenberg, in: Mitteldeutsche Lebensbilder. Menschen im Zeitalter der Reformation, hg. von Werner Freitag, Köln-Weimar-Wien 2004, S. 235–251.

53 Signatur: W 807 W 1.

54 Titel des 1. Teils: *MATTHAEI / VVESENBECII / I.C. CLARISS. / IN / PANDECTAS I. CIVILIS / COMMENTARII / OLIM PARATITLA DICTI. /*

*Quibus de NOVO ad singulos Titulos praefixa sunt Paratitla / SEBASTIANI BRANDII & IAC. CVIACII. / Item Commentarijs Vuesenbecij, supra nouam ipsius Auctoris acceßionem, casus / singulares iure decisi, sed ab ipso auctore non obseruati, nunc recens / à P. BREDERODIO I. C. inserti sunt. / Ad haec omnia à mendis quàm diligentissimè repurgata, item no- / uis argumentis aucta & illustrata: quid deniq; ad postre- / mam hanc editionem accesserit, epistola / ad lectorem docet. / TOMVS PRIMVS. / CVM INDICE GEMINO. /* [Drckersignet] / *Cum priuilegio Caesareo ad sexennium, Regio / ad quinquennium. / BASILEÆ, / Per Eusebium Episcopium, & Nicolai fr. haeredes. / M. D. LXXXIX;* Titel des 2. Teils: *MATTHAEI / VVESENBECII / I. C. CLARISS. / IN / CODICEM DN. IVSTINIA. / NI SACRATISS. PRINCIPIS COM- / mentarius Vetus Renouatus. / Recens ab ipso Auctore plurium titulorum Nouis / commentarijs Auctus. / Accesserunt etiam Paratitla S. BRANDII & I. CVIACII, item / D. VENATORII Enarrationes: praeter breues IOACHIMI / HOPPERI I. C. Claris. Partitiones, quas singu- / lis libris praefiximus. / Omnia nunc de Nouo diligenter Recognita, à mendis repurgata, Notis / et argumenti nouis illustrata, / A. P. CORN. BREDERODIO. I. C. / TOMVS II. / Adiectus est Duplex INDEX, Prior Titulorum, Alter Rerum & Ver- / borum exactissimus & copiosissimus. /* [Druckersignet] / *Cum priuilegio Caesareo ad sexennium, Regio / ad quinquennium. / BASILEAE, / Per Eusebium Episcopium, & Nicolai fr. haeredes. / M. D. XC.*

55 Vgl. dazu Rolf Lieberwirth/Frank-Michael Kaufmann: Einleitung, in: Glossen zum Sachsenspiegel-Landrecht. Buch'sche Glosse, hg. von Frank-Michael Kaufmann, Teil 1 (= MGH Font. Iur. German. Ant. Nov. Ser. VII/1), Hannover 2002, S. XVII–LXXII.

56 Vgl. dazu Gerd Kleinheyer / Jan Schröder (Hg.), Deutsche und Europäische Juristen aus neun Jahrhunderten. Eine biographische Einführung in die Geschichte der Rechtswissenschaft, 4. Aufl., Heidelberg 1996, S. 521.

57 Benzing (wie Anm. 38), S. 276 f.

58 Kolophon auf vorletztem Blatt: *Gedrugkt zu Leypczigk Melchior Lotter. / Anno dni. M. D. XXXV.*

59 Signatur: IVa 27. Titel: *Sachssenspigell vffs new durch- / aus corrgirt vnd restituirt / Allenthalb wu dye / text vorandert vnd vnuvorstentlich gewest / mitt vil nawen adicionen aus gemey- / nem Keyserrecht gezogen sampt eynem volkomen / nützlichen Nawen gemerten Repertorio auch / mit tzweyundzwentzig artickeln vnd vr- / sachen wuürmb die selbigen ynn / dem Sachßenspyegell vor- / worffen auch mitt vyl / Newer dewtung / des Sachßen / spiegels.*

60 Gemeint ist Schneeberg in Sachsen.

61 Zu den frühen Drucken des Sachsenspiegels vgl. Rolf Lieberwirth: Ein Stendaler Wiegendruck des Sachsenspiegels aus dem Jahre 1488, in: Rechtsgeschichte in den beiden deutschen Staaten (1988–1990). Beispiele, Parallelen, Positionen, hg. von Heinz Mohnhaupt, Frankfurt am Main 1991, S. 245–260.

62 Vgl. Ruth Schmidt-Wiegand: Weichbild, in: HRG 5 (1998), Sp. 1209–1212; Dietlinde Munzel: Weichbildglosse, in: HRG 5 (1998), Sp. 1212 bis 1213.

63 Benzing (wie Anm. 38), S. 47, 88–89, 141, 269, 279.

64 Signatur: IV 80. Titel: *Sechsisch Weichbild / Lehenrecht vnd / Remissorium / Auffs new an vielen orten in Texten Glossen vnd / derselben allegaten aus den warhafftigen glossen / Keiserlicher vnd Bepstlicher Recht und also / den hauptquellen mit fleis anderwerts / corrigiret vnd restituiret, Darzu etliche / Vrteil / In teglichen fürfallenden sachen sehr / richtig vnd dienstlich zum teil vor / nicht gedruckt. / Mit Keiserlicher Maiestet / Gnaden Freiheit vnd Priuilegio. / M. D. LVII.*

65 Nach letztem Blatt: *Gedruckt zu Budissin durch / Nicolaum Wolraben Aus vorlage der Acht- / barn vnd hoch gelarten Pauli vnd Fran / cisci Kretschmarn Gebrüdere vnd / Cantzlern zu Budissin vnd / Marsberg etc.*

66 Vgl. dazu Dietlinde Munzel: Remissorien, in: HRG 4 (1990), Sp. 892–893.

67 *REMISSORIVM / Oder / Register vber den Sachsenspie- / gel Lehenrecht vnd Weichbild itzt auffs new / besichtigt corrigirt geendert vnd gemeh- / ret Alles so in den dreien büchern / im text vnd glossen be- / griffen in- / haltende vnd zv finden / gar nützlich.*

68 Vgl. Rolf Lieberwirth: Melchior Kling (1504 bis 1571), Lehrer und Praktiker des Rechts, in: Jb. f. hallische Stadtgeschichte 2 (2004), hg. von Ralf Jacob, Halle 2004, S. 169–173.

69 Signatur: IV 21. Titel: *Das Gantze / Sechsisch Landrecht / mit Text und Gloss in eine / richtige Ordnung gebracht / Durch / Doctor Melchior Klingen / von Steinnaw an der Strassen itzo zu Halle. / Doch mit dieser Erklerunge das er den Stenden die das / Sechsisch Recht gebrauchen nicht genugsam Sondern der Alte / Sachsenspiegel sonderlich Doctor Christoff Zobels welcher / wol erklert dabey sein mus Wie in Epistola dedi- / catoria erhebliche und gnugsame vrsachen / angezeiget werden sollen. /* [Druckersignet] *Mit Römischer Keyserlicher Maiestat vnd Churfürstlicher / Sechssischer Durchlauchtigkeit Gnaden vnd Priuilegien. / Leipzig. / M. D. LXXII.*

70 Gerhard Buchda: Kursächsische Konstitutionen, in: HRG 2 (1978), Sp. 1304–1310.

71 Vgl. dazu Klaus Luig: Thomasius als Praktiker auf dem Gebiete des Privatrechts, in: Christian Tho-

[72] DEr Richterlich Clagspiegel. / Ein nutzbarlicher begriff Wie man setzen vnnd for- / mieren sol nach ordnung der rechten ein jede Clag Antwort vn(d) aussprech / ene Vrteilen. Gezogen aus Geistlichen vnd Weltlichen Rechten. Da / durch sich ein jeder er sei Clager Antworter oder Richter in / recht geschickt machen das selb üben brauchen vnd darge- / gen vor vnrechter that anfechtung vnd fürnemen ver / hüten mag. Durch Doctorem Sebastianum Brand mit grosser mühe zusamen gebracht / jetzt mit fleiß von newem gedruckt / vnd zum theil gebessert. / M. D. LIII.

[73] LEyenspiegel. / Von rechtmässigen ordnungen inn Burgerlichenn / vnd Peinlichen Regimenten. Mit Additionen vrsprüngklicher / rechtsprüchen. Auch der Guldin Bulla Künigklicher / Reformation Landtfriden. (etc). Sampt bewä- / rungen gemeyner rechten / vnd anderm anzeygen. Newlich getruckt. / Anno M. D. LX.

[74] Signatur: V 391.

[75] H. Harthausen/U. van Melis: Rihel, Wendelin, in: LGB² VI (2003), S.315–316.

[76] Benzing (wie Anm. 38), S. 446.

[77] Kolophon auf fol. CXXXVr: Getruckt zu Straßburg durch Wendel / Rihel vnnd Georgen Messerschmidt den vij. Augusti / Im jar als man zalt nach der geburt Christi / vnsers Seligmachers / M. D. LIII.

[78] IOHANNES-CHRISTOPHORVS- SCHWARTZ. IVRIS: VT(R). DOCTOR. CIVITATIS. RIGENSIS. QVONDAM. CONSVL.

[79] Klaus-Peter Schroeder: Sebastian Brant (1458 bis 1521) – Jurist, Humanist und Poet, in: Neue Juristische Wochenschrift 1994, S. 1905–1911; Bernhard Pahlmann. Sebastian Brant, in: Kleinheyer/Schröder (wie Anm. 56), S. 81–84.

[80] Vgl. Andreas Deutsch: Der Klagspiegel und sein Autor Conrad Heyden. Ein Rechtsbuch des 15. Jahrhunderts als Wegbereiter der Rezeption (= Forschungen zur Deutschen Rechtsgeschichte 23), Köln-Weimar-Wien 2004.

[81] B. Koehler: Klagspiegel, in: HRG 2 (1978), Sp. 855–857, hier Sp. 857; Gerhard Köbler: Zielwörterbuch europäischer Rechtsgeschichte, 2. Aufl., Gießen 2004, S. 330.

[82] B. Koehler: Laienspiegel, in: HRG 2 (1978), Sp. 1357–1361; Köbler, Zielwörterbuch (wie Anm. 81), S. 361.

[83] Bernhard Pahlmann: Ulrich Tengler, in: Kleinheyer/Schröder (wie Anm. 56), S. 418-420.

[84] Signatur: IV 173; Titel: *Bambergische / Peinliche Halßge- / richts-Ordnung.*

[85] Benzing (wie Anm. 38), S. 28.

[86] Kolophon nach fol. 72v: *Gedruckt zu Bamberg / durch Johann / Wagner. / M. D. LXXX.*

[87] Vgl. Heiner Lück: Lex Saxonum, in: Reallexikon der Germanischen Altertumskunde, 2. Aufl., Bd. 18, Berlin-New York 2001, S. 332–336, hier S. 333/335.

[88] Signatur: IV 123. Titel: *ORIGINVM / AC / GERMANI / CARVM ANTI- / QVITATVM LIBRI, / Leges uidelicet, / Salicae Ripuariae / Allemannorum Boioariorum / Saxonum Vuestphalorum / Angliorum Vuerinorum / Thuringorum Frisionum / Burgundionum Langobardorum / Francorum Theutonum. / OPVS CERTE PIETATIS, NEC'- NON / VETERIS VERERANDAE'QVE ILLIVS VERE FRAN- / cicae maiestatis plenum. In quo non solum Rerum ac Vocum, nostrarum proprie- / tas cernitur, sed maiorum quoque nostrorum Imperium, eorundemq(ue) tum in diuinis, / tum humanis, solers quaedam administratio, omnibus Rebusp. ceu absolutissimum ex / emplar, sese exhibet imitanda(m). Hactenus & Theologorum & Iurisconsultorum stu- / diosorumq(ue) omnium incom(m)odo, aut suppressum omnino, aut hinc inde lacerum atq(ue) / mancum dispersum. Nunc autem VVOLVFFGANGI Abbatis Principis FVLDENSIS benignitate & in patriam flagranti studio, ex superba illa celeberrimi Collegij Biblio- / theca, in lucem, ad temporum horum tam in Ecclesiasticis, quam in Ciuilibus / rebus, pertinaces illas concertationes tollendas, pacandosq(ue) bo- / norum animos, diuinitus fane, prolati. / OPERA VERO, / BASILII IOANNIS HEROLD, AC / COLLATIONE EXEMPLARIORVM, QVAE / uetustissimis, necnon ante septingentos annos depictis characteribus / expressa erant: descripti, emendati, atque in lucem / magna religione editi, / Authores Legum, sequens pagina versa docebit. / BASILEAE, PER / HENRICHVM PETRI. / Cum Caesarea Maiestatis gratia / & priuilegio.*

[89] Deutsche Biographische Enzyklopädie, hg. von Walther Killy u. Rudolf Vierhaus, Bd. 4, München 1996, S. 636.

[90] Kolophon auf S. 347: *BASILEAE, PER HENRICHVM / PETRI, MENSE SEPTEM / BRI, ANNO MDLVII.*

[91] F. G. Maier: Petri, Heinrich, in: LGB² V (1999), S. 612–613.

[92] Vgl. dazu Rolf Lieberwirth: Strafrecht bei den ersten Juristen der Universität Halle, in: Europa in der Frühen Neuzeit. Festschrift für Günter Mühlpfordt, hg. von Erich Donnert, Bd. 2: Frühmoderne, Weimar-Köln-Wien 1997, S. 21-30.

[93] Signatur V 653.

[94] Titel: *MALLEVS / MALEFICARVM, / IN TRES DIVISVS / PARTES, ... / Auctore R. P. F. IACOBO SPRENGER / Ordinis Praedicatorum, olim Inquisitore clariss. / ... / VENETIIS, MDLXXIIII.*

95 Auf letzter Seite Kolophon: *VENETIIS / Apud Io. Antonium Bertanum. 1574.* Auf der Seite gegenüber ein schönes Druckersignet: ein Storch füttert sein Junges.

96 Günter Jerouschek/Wolfgang Behringer: Einleitung, in: Heinrich Kramer (Institoris). Der Hexenhammer. Malleus Maleficarum. Neu aus dem Lateinischen übertragen von Wolfgang Behringer, Günter Jerouschek und Werner Tschacher, hg. und eingeleitet von Günter Jerouschek und Wolfgang Behringer, München 2000, S. 9–98, hier S. 23.

97 Signatur V 651; Titel: *TRACTATVS / De Superstitionibus, / CONTRA MALEFICIA SEV / SORTILEGIA QVAE HODIE / vigent in orbe terrarum: In lucem / auperrime editus. / Auctore D. Martino de Arles / In sacra Theologia professore: ac canonico & archidiacono Pa(m)p. / Romae, Apud Vincentium Luchinum. 1559.*

98 Auf letzter Seite Kolophon: *ROMAE APVD / VINCENTIVM / LVCRINVM / 1560.*

Abb. 12
Bambergische Peinliche Halsgerichts-Ordnung (Bamberg 1580), S. 31, Detail

# ANHANG

## Das juristische Seminar an der Universität Halle–Wittenberg im 75. Jahre seines Bestehens

GUIDO KISCH

*bearbeitet von Heiner Lück*

*Vorbemerkung:*

*Guido Kisch war von 1922 bis 1933/1935 Professor für Deutsche Rechtsgeschichte und Handelsrecht an der Rechts- und Staatswissenschaftlichen Fakultät der Universität Halle–Wittenberg.[1] Nach dem Machtantritt der Nationalsozialisten wurde er seiner akademischen Ämter enthoben und emigrierte in die USA. Neben seiner wissenschaftlichen Tätigkeit lag Kisch das Juristische Seminar am Herzen. Viele Jahre fungierte er als dessen Direktor. In seine Amtszeit fiel auch das 75. Gründungsjubiläum des Juristischen Seminars. Seinen Rechenschaftsbericht gab er mit einigen Zusatzinformationen aus Anlaß dieses Jubiläums 1927 in einer kleinen selbständigen Schrift heraus.[2] Der wesentliche Inhalt wird hier mit wenigen erläuternden Anmerkungen, vor allem auch in dankbarer Erinnerung an Guido Kisch, noch einmal abgedruckt. Heiner Lück*

I.
*Rechenschaftsbericht, erstattet vor der versammelten rechts- und staatswissenschaftlichen Fakultät[3] bei Eröffnung der erweiterten und umgestalteten Räume des rechtswissenschaftlichen Seminars im Thomasianum[4] am 29. September 1927.*

Nicht zu einer Feierlichkeit, zu der wohl aller Anlaß gegeben wäre, für welche aber weder der Zeitpunkt noch der Raum die Möglichkeit bietet, habe ich mir einzuladen erlaubt. Nur zu einer schlichten Führung durch die erweiterten, umgestalteten und teilweise neu angeordneten und eingerichteten Räume des rechtswissenschaftlichen Seminars haben wir uns zusammengefunden. Ich bitte, diese in trockener Sachlichkeit mit ein paar Worten einleiten zu dürfen.

Zwei Gründe sind es, die mir dies wünschenswert und erforderlich erscheinen lassen. Je größer die Freiheit ist, die dem zur Geschäftsführung eines bedeutsamen Universitätsinstituts Berufenen durch das Vertrauen seiner Kollegen gelassen ist, je wichtiger die Probleme und Aufgaben sind, deren Lösung und Betreuung in seine Hand gelegt ist, desto stärker wird sein Pflichtgefühl und Verantwortungsbewußtsein gegen alle diejenigen, deren Arbeit die hier zu treffenden organisatorischen Maßnahmen und Leistungen dienend und fördernd angepaßt werden sollen. Daher der Wunsch, an einem wichtigen Wendepunkt organisatorischer Arbeit Rechenschaft abzulegen über das bisher Erreichte, um das Bewußtsein zu erlangen, daß auch das Streben nach weiteren Zielen von dem gleichen Vertrauen getragen sein werde. Ferner aber meinte ich, ohne ein kurzes rückschauendes Innehalten einen Tag nicht vorübergehen lassen zu dürfen, an dem sich nicht allein mir ein eigener kühner Plan verwirklicht, woran auch nur zu glauben, zeitweise schon ein Wagnis erschien, der vielmehr auch in der Geschichte unserer rechts- und staatswissenschaftlichen Fakultät einen Markstein bedeutet: die vollständige Widmung des Hauses, über dessen Pforte der Name Christian Thomasius[5] leuchtet, allein für die rechts- und staatswissenschaftliche Fakultät, nachdem soeben der Herr Kurator der Universität die Übergabe auch des bisher von der philosophischen Fakultät innegehabten ersten Obergeschosses an die Juristen vollzogen hat.

Das juristische Seminar, das im Jahre 1928 auf einen 75jährigen Bestand zurück blicken kann, hat mehr als ein halbes Jahrhundert hindurch seiner früheren Zweckbestimmung gemäß, vorzüglich vertieftes wissenschaftliches Forschen zu fördern, lediglich einer kleinen Schar Auserlesener gedient. Es führte sogar auch seit den neunziger Jahren noch ein stilles bescheidenes Dasein im alten Gebäude des Oberbergamtes am Domplatz Nr. 1; drei Tische und zwanzig Stühle bildeten sein Inventar. 1902 übersiedelte es unter erheblicher Erweiterung seiner Räume in das zweite Obergeschoß des Melanchthonianums[6], das jedoch schon 1911 mit dem zweiten Obergeschoß des Thomasianums vertauscht wurde, wo es bisher über Bibliotheksräume im Ausmaße von 113 qm verfügte. Die durch Angliederung eines eigenen besonders gut ausgestatteten kriminalistischen Seminars[7] unter Professor Franz von Liszt[8] angebahnte Erweiterung ging mit der Übersiedlung seines Leiters an die Universität der Reichshauptstadt verloren. Die Umgestaltung des juristischen Lehrbetriebes hatte schon vor dem Krieg[9] den juristischen Seminaren eine andere wissenschaftliche und pädagogische Zweckbestimmung gegeben. Aus Forschungsstätten einzelner wissenschaftlich Interessierter hatten sie sich in Laboratorien der Rechtsbeflissenen gewandelt. Eine besondere Intensivierung des seminaristischen Betriebes brachte vor allem die Nachkriegszeit. Sie war hervorgerufen durch die Erschwerung der Anforderungen an die Rechtsstudierenden durch die neue preußische juristische Ausbildungsordnung, welche die praktischen Übungen obligatorisch machte und vermehrte und damit auch deren Teilnehmerzahl ganz erheblich steigerte. Sie war angeregt und, zugleich in hohem Maße gefördert durch die neuen Bahnen, die das Rechtsleben im letzten Jahrzehnt[10] eingeschlagen hat: durch die Flut wechselnder Gesetze, die Fülle gerichtlicher Entscheidungen zum Teil erst neu geschaffener oberster Gerichte, durch das Erstehen neuer Rechtsdisziplinen, durch die hohe Bedeutung und durch den ungeahnten Aufschwung des öffentlichen Rechtes[11].

Mit einem solchen Tempo des Rechtslebens vermochte indes die Entwicklung des juristischen Seminares nicht gleichen Schritt zu halten. Krieg, Inflation und andere ungünstige Umstände hatten es mit allen seinen Einrichtungen in jeder Hinsicht auf einen Tiefstand herabgedrückt, der mich mit größter Sorge erfüllte, als ich mich vor nunmehr zwei Jahren entschloß, aus freien Stücken und ausschließlich von wissenschaftlichem und pädagogischem Pflichtgefühl gegen Fakultät und Rechtsstudentenschaft geleitet, mit der geschäftsführenden Direktion die schwere Aufgabe der Reorganisierung des rechtswissenschaftlichen Seminars auf mich zu nehmen. Noch in dem für die Universitätssammelchronik[12] über die letzten zehn Jahre vom Herrn Rektor eingeforderten Berichte vermochte ich nur auf die durch die geschilderte Entwicklung während der letzten Jahre ungemein gesteigerten wissenschaftlichen Bedürfnisse, Nöte und Mängel des juristischen Seminars hinzuweisen, nicht wie gewiß etwa die staatswissenschaftliche Schwesteranstalt[13] unserer Universität schon von Aufstieg und Ausbau zu berichten. Gerade das juristische Seminar aber als das am stärksten frequentierte unter den rein geisteswissenschaftlichen Instituten der Universität bedarf besonders fürsorglicher Pflege, damit den nach Halle, der Universität ernster Arbeit zuströmenden Rechtsbeflissenen bestmögliche wissenschaftliche Arbeitsbedingungen geboten werden können.

Bewegen sich doch die Durchschnittszahlen der Benutzer des rechtswissenschaftlichen Seminars in den letzten Semestern zwischen 220 und 300. Das Seminar zählte, um nur die Zahlen der beiden letzten Semester anzuführen, im Wintersemester 1926/1927 260, im Sommersemester 1927 240 Mitglieder. In diesen beiden Semestern wurde eine durchschnittliche tägliche Besucherzahl von 70 bzw. 56, als stärkster Tagesbesuch 133 gezählt.

Stellten sich auch den Reorganisationsplänen auf allen Linien Schwierigkeiten sachlich hemmend und zeitlich verzögernd, mit am meisten bedrängend die große Geldnot des Staates entgegen, so hat ein gütiges Geschick durch glückliche Beendigung des Werkes die reichlichen Fährnisse und Mühen seiner Entstehung aufgewogen. Dadurch ist nunmehr zu großem Teile die Not des juristischen Seminars und zwar nicht zu seinem Frommen allein behoben worden. Sie hat vielmehr durch ihre Dringlichkeit auch den wesentlichen Anstoß dazu gegeben, die Vereinigung des altphilologischen Seminars, dessen bisherige Räume dem juristischen zugewachsen sind, mit der gesamten klassischen Altertumswissenschaft im Robertinum[14] zu fördern und zu beschleunigen.

Das juristische Seminar konnte dadurch eben der Raumverbesserung, die der Fakultät durch Gewinnung eines wenn auch leider etwas engen Sitzungs- und Prüfungsraumes zuteil wurde, seine eigenen Arbeitsstätten, Bibliotheks- und Verwaltungsräume ungefähr auf das Doppelte vergrößern. Wir besitzen dadurch nunmehr anstatt des bisher einzigen zwei große Lese- und Arbeitssäle von je 91 qm Ausmaß, von denen der im ersten Stockwerk gelegene die Literatur des öffentlichen Rechtes aufgenommen hat, während der Arbeitssaal im zweiten Obergeschosse nunmehr ausschließlich dem Zivilrecht gewidmet ist. Die Zahl der Arbeitsplätze hat sich von 40 vorher auf nunmehr 68 erhöht, was dem gegenwärtigen Bedürfnis an Arbeitsraum zunächst entsprechen dürfte. Freilich gestattete die Knappheit der der Bauverwaltung verfügbaren Mittel nicht, eine Verbindung der beiden in verschiedenen Stockwerken gelegenen Arbeitssäle herzustellen. Jedoch gelang es wenigstens, die Durchführung meines Vorschlages auf Anbringung eines selbständigen Portales auf der Höhe des ersten Obergeschosses des Thomasianums zu erreichen und so sämtliche Räume des Seminars unter eine einheitliche Absperrung zu bringen. Leider glückte dagegen noch nicht die Bewilligung eines eigenen Unterbeamten, der an dieser Pforte eine ständige Seminaraufsicht üben und so die Sicherheit des Bücherbestandes gewährleisten könnte. Es wird daher auch weiterhin noch bei der durchaus unzulänglichen, freiwilligen studentischen Aufsichtsführung mit allen aus dem Mangel einer Daueraufsicht fließenden Gefahren und Nachteilen sein Bewenden finden müssen. Durch den Raumzuwachs wurde außer der Einrichtung eines neuen Lesesaales die Verlegung des Direktorzimmers, die Schaffung eines Sitzungssaales, der zugleich als Übungsraum, Dozenten-, Sitzungs- und Prüfungszimmer dient, eines abgesonderten Arbeitsraumes für Doktoranden mit vier Arbeitsplätzen, eines Assistentenzimmers und schließlich eines vom studentischen getrennten besonderen Waschraumes für die Dozenten möglich. Der Bücherstellraum wurde von 384 auf 567 laufende Büchermeter vermehrt. In Anbetracht der hohen Materialpreise haben aber die verfügbaren Mittel dazu nicht ausreichen können, die neu gewonnenen Räume auch vollständig mit Bücherregalen, Schränken, Arbeitstischen und Stühlen auszustatten. In entgegenkommender Weise wurde vom Kuratorium der Universität zum Teil aus eigenen Beständen, zum Teil aus solchen der Verwaltung der Universitätskliniken leihweise eine Anzahl von Schränken, Tischen und Stühlen zur Verfügung gestellt, welche zwar für den Seminarbedarf nicht besonders geeignet oder vorgerichtet sind, mit denen man sich jedoch vorläufig und hoffentlich nur vorübergehend bis zur Erlangung weiterer Mittel wird behelfen müssen, um nicht einen Teil der dringend benötigten Räume unbenützt zu lassen. Dagegen konnten schon jetzt alle Räume mit zweckmäßigen modernen Beleuchtungsvorrichtungen, sowohl an den Decken als auch auf den Arbeitstischen selbst ausgestattet werden.

Eine besondere Aufgabe bildet naturgemäß der Neuaufbau der nunmehr auf mäßig hohen und der Hand leicht erreichbaren Regalen untergebrachten Bibliothek. Im Laufe der Jahre ist infolge mangelnder Schulung der mit der Bucheinreihung betrauten Hilfskräfte in der Anordnung, Aufstellung und Katalogisierung der Bücher eine Unordnung und Unübersichtlichkeit eingetreten, deren systematische Beseitigung mindestens ein Jahr emsiger Arbeit in Anspruch nehmen wird. Das gesamte Aufstellungssystem muß modernen wissenschaftlichen und bibliothekarischen Anforderungen entsprechend umgestaltet werden. Die Anordnung der Fächer muß demgemäß geändert und ergänzt werden, z.B. müssen auch neue Fächer für die neuen Disziplinen des Arbeitsrechts, Wirtschaftsrechts, Steuerrechts geschaffen, Unzweckmäßigkeiten in der Anordnung und Aufstellung müssen beseitigt werden, der Aufteilung der Literatur des öffentlichen und des Privatrechts auf die beiden Arbeitssäle muß Rechnung getragen werden, soweit dies nicht schon bei der Umräumung geschehen ist.

Die Revision wird jedes einzelne Buch erfassen müssen. In die neu gebildeten Fächer wird die gesamte vorhandene, auch ältere und bisher in anderen Fächern untergebrachte Literatur aufgenommen werden müssen. Auf der Grundlage dieser Arbeiten wird ein neuer Hauptkatalog in Buchform anstatt des völlig veralteten und unvollständigen vorhandenen angelegt, die bestehenden nach Verfassern und Gegenständen geordneten Zettelkataloge werden revidiert und ergänzt werden. Am dringendsten war die Schaffung einer Kartothek für die laufenden Zeitschriften und Lieferungswerke, welche die Möglichkeit gibt, die Ergänzung der Bestände an solchen Werken dauernd zu überwachen. Ich freue mich, mitteilen zu können, daß diese wichtige Arbeit bereits abgeschlossen vorliegt. Eine weitere in Aussicht genommene Aufgabe bildet die Schaffung einer neuen Dissertationenabteilung, in welcher sämtliche seit Wiedereinführung des Druckzwanges erschienene juristische Dissertationen des Inlandes gesammelt werden sollen.

Eine der schmerzlichsten Sorgen bei der Reorganisierung des Seminars bildet die Beschaffung, Ergänzung und Auffüllung des Büchermaterials.

Sind doch noch immer nicht ganz die Lücken geschlossen, die Krieg und Inflationszeit namentlich in die Zeitschriften und Lieferungswerke gerissen haben. Und nur knapp sind die Mittel, die der Staatshaushalt zur Verfügung zu stellen vermag, wenn diese in letzter Zeit auch in dankenswerter Weise eine wesentliche Erhöhung erfahren haben. Wir sind hier auf freundliche Spenden angewiesen, zu welchen ich die Mitglieder der Fakultät und ehemalige Seminarbenützer aufrufen möchte. Mit großem Danke kann reicher Zuwendungen seitens der Gesellschaft der Freunde der Universität Halle–Wittenberg und der Notgemeinschaft der Deutschen Wissenschaft gedacht werden. In jedem der so erworbenen Werke wird durch ein eigenes Bücherzeichen der Name des Stifters ersichtlich gemacht. Dem Zwecke der Bücherbeschaffung wird auch ein mit dem Herrn Direktor der Universitätsbibliothek verabredetes engeres Zusammenarbeiten förderlich sein. Durch die Erweiterung der Seminarräume ist es nunmehr auch möglich, sämtliche Neuerwerbungen vor der Einstellung in die Seminarbibliothek im Sitzungssaale zwecks Kenntnisnahme durch die Dozenten und sodann für die Studenten zur Ausstellung zu bringen, um diese auf die Neuerscheinungen in der juristischen Literatur und die dem Seminar zuwachsenden Werke aufmerksam zu machen. Ebenso ist jetzt auch die Auslegung sämtlicher wissenschaftlichen Zeitschriften möglich. Als besonderer Erfolg darf die Bewilligung einer, freilich nur außerplanmäßigen, neuen Assistentenstelle für die Fakultät gebucht werden, welche auch für die Betreuung des juristischen Seminars wird nutzbar gemacht werden können.

Hierfür gebührt ebenso wie für die Gewährung der Mittel zur Erweiterung und Verbesserung der baulichen Einrichtungen, sowie für die innere Ausstattung der erweiterten Seminarräume der wärmste Dank dem Ministerium für Wissenschaft, Kunst und Volksbildung, welches auch einmalig einen Beitrag für die teilweise schon durchgeführten Katalog- und Ordnungsarbeiten bewilligt hat. Insbesondere sind es die Herren Ministerialdirektor Professor Dr. Dr. Dr. h. c. Richter[15], Ministerialrat Breuer und Regierungsrat Dr. Niessen gewesen, welche den schriftlichen Eingaben und mündlichen Vorträgen der Seminarleitung stets lebhaftes Interesse entgegenbrachten und den Bestrebungen des Seminars wohlwollende Förderung angedeihen ließen. Ihrer tatkräftigen Hilfe sei daher in dieser Stunde mit dem Ausdruck aufrichtigen Dankes besonders gedacht. Zu großem Danke sind wir aber auch dem Herrn Universitätskurator Dr. Sommer verpflichtet. Er war es, dessen Augenmerk ich beim Antritt meines Dekanates zuerst auf die Nöte des juristischen Seminars hinlenkte. Er war es, der mit klarem Blick diese Angelegenheit sogleich als ein Problem von lebenswichtiger Bedeutung nicht allein für unsere Fakultät, sondern auch im Hinblick auf die Interessen auch anderer Institute und der gesamten Universität erkannt hat. Und er ist es schließlich auch gewesen, der unterstützt von Herrn Regierungs- und Baurat Starkloff und anderen Universitätsbeamten tatkräftig und zielbewußt die Pläne der baulichen und räumlichen Umgestaltung und der inneren Ausstattung des Seminars durchgeführt hat. Ist es gestattet, hier auch ein persönliches Wort aufrichtigsten Dankes zu sagen, so gilt dieses allen meinen verehrten Fakultätskollegen und dem Dekan dieses Jahres Herrn Kollegen Jahn[16], welche mich in allen wechselvollen Stadien der Entwicklung unserer Seminarerweiterungsaktion durch uneingeschränktes Vertrauen geehrt und gestützt haben. Dankbar sei schließlich auch der Hilfe des Fakultätsassistenten Herrn Referendar Kießler gedacht, der sich um die Durchführung des Reorganisationsplanes eifrig gemüht und verdient gemacht hat.

Konnte so auch allen hemmenden Gewalten zum Trotz ein wichtiger Schritt auf dem Wege der wissenschaftlichen Wiederaufbauarbeit im juristischen Seminar vorwärts getan werden, so bildet er doch nur einen, wenn auch hoffentlich bedeutsamen Anfang. Viel entsagungsvolle und ausdauernde Arbeit wird noch zu leisten sein, deren Ergebnisse bei äußerlicher Betrachtung vielleicht nicht so in die Augen springen dürften, wie die Gewinnung einer Raumerweiterung. Sie werden sich aber schnell dem wissenschaftlich Arbeitenden erschließen und als ebenso wichtig wie jene für sie freilich unentbehrliche Voraussetzung erweisen, um dem Ziele näher zu kommen, bestmögliche wissenschaftliche Arbeitsbedingungen namentlich für die Studierenden zu schaffen, aber auch den Dozenten, die heute mehr als ehedem ebenfalls auf öffentliche Bibliotheken angewiesen sind, zur Verfügung stellen. Das dies nicht möglich ist ohne die verstehende und an die Sache hingegebene Unterstützung und Mitarbeit dem, in deren Auftrage ich die Geschäfte des Seminars zu besorgen habe, ist klar. Ich schließe daher mit der Bitte, mir auch fürderhin Vertrauen schenken und Unterstützung gewähren zu wollen. Dann wird das Vivat, crescat, floreat, das ich heute auf das rechtswissenschaftliche Seminar beziehen möchte, sich nicht nur für dieses verwirklichen, sondern unser juristisches Seminar wird auch zur Blüte der wissenschaftlichen Arbeit, unserer Fakultät und Universität beitragen.

Schon in dem ersten auf die Umgestaltung des juristischen Seminars folgenden Semester, dem Wintersemester 1927/1928 war ein erfreulicher Anstieg der Benutzerzahl zu verzeichnen: das Seminar zählte 292 Mitglieder gegen bloß 200 im Wintersemester 1926/1927, die durchschnittliche tägliche Besucherzahl steigerte sich von 70 im vorigen auf 101 im eben verflossenen Wintersemester, als stärkster Tagesbesuch wurde 199 gezählt. Die stärkere Intensität der wissenschaftlichen Inanspruchnahme wird durch folgende Zahlen der täglichen Besucher der beiden Arbeitssäle des juristischen Seminars beleuchtet, denen die Benutzerzahlen des damals einzigen Arbeitssaales im Wintersemester 1926/1927 gegenübergestellt werden.

*[An dieser Stelle (S. 10) folgen eine „Statistische Übersicht des Besuches des juristischen Seminars" und eine „Vergleichende Statistik des Semiarbesuches in den beiden Arbeitssälen während des Wintersemesters 1927/1928". Vom Abdruck wurde hier abgesehen. – H. L.]*

Die neu geschaffenen und umgestalteten Einrichtungen haben sich durchaus bewährt und den gestellten wissenschaftlichen Anforderungen entsprochen. Allein der für Doktoranden eingerichtete Arbeitsraum hatte sich keines Zuspruchs zu erfreuen, weil der Mangel an Mitteln seine Ausstattung mit einer eigenen Handbücherei nicht erlaubt hatte. Er konnte ohne Bedenken aufgelassen werden, da sich die großen Arbeitssäle bisher als zureichend erwiesen. An seiner Statt konnte nunmehr ein eigenes Dozentenzimmer eingerichtet und damit ein bis dahin aufs schmerzlichste empfundener Mangel beseitigt werden.

Dieser für die Dozenten bestimmte Arbeitsraum konnte mit den wichtigsten inländischen und ausländischen oberstgerichtlichen Entscheidungssammlungen ausgestattet werden, die zum Teil wertvolle Geschenke der Gesellschaft der Freunde der Universität Halle-Wittenberg und der Notgemeinschaft der Deutschen Wissenschaft bilden. Im Dozentenzimmer werden ferner die neuesten Nummern der Zeitschriften zur Auslage gebracht. Die im Rechenschaftsberichte näher bezeichneten Katalog- und Ordnungsarbeiten nahmen ihren Anfang und Fortgang. Die Katalogisierung der einzelnen Beiträge der vorhandenen Festschriften und Sammelwerke ist durchgeführt; die aus früheren Jahren zurückgebliebenen unkatalogisierten Bestände sind zur Gänze aufgearbeitet. Für die der Benützung zeitweilig entzogenen und die im Dozentenzimmer aufgestellten Werke ist das System der sogenannten Verweispappen eingeführt. Der neue systematische Hauptkatalog in Buchform ist im Werden. Der Gesamtzuwachs an Büchern im Rechnungsjahre 1927 betrug 482 Werke mit 523 Bänden. An Zeitschriften zählt das Seminar: I. inländische: a) abgeschlossene: 47; b) laufende. 63; II. ausländische laufende: 5. Die Dissertationenabteilung ist eingerichtet.

Die neueingetretenen Seminarmitglieder wurden am Anfange des Semesters in einem Einführungsvortrag über die Seminarbestände unterrichtet und zu zweckmäßiger Bibliotheksbenützung angeleitet.

## II.
### Aus der Geschichte des juristischen Seminars.[17]

Die hallische Juristenfakultät darf für sich in Anspruch nehmen, als eine der ersten und besonders früh den hohen Wert der allgemein erst in den letzten Jahrzehnten im akademischen Unterricht zu immer größerer Bedeutung gelangten praktischen Übungen für die juristische Ausbildung und Schulung der Rechtsstudierenden erkannt zu haben. Dieser Gesichtspunkt gelangte schon bei der Angabe des Zweckes des juristischen Seminars im § 1 seiner ältesten mit Ministerialerlaß vom 20. Mai 1853 genehmigten Statuten zum Ausdruck: „Das juristische Seminar bei der Universität zu Halle hat den Zweck, den Studierenden der Rechtswissenschaft durch eigene exegetische, dogmatische und praktische Arbeiten und Disputationen eine Anleitung zu selbständiger wissenschaftlicher Tätigkeit zu geben." Hat das juristische Seminar als selbständige Fakultätseinrichtung auch lange Zeit hindurch weniger der großen Masse der Studierenden gedient, vielmehr vornehmlich selbständige wissenschaftliche Forschungsarbeit vorbereitet und angeleitet, so brachte jene Erkenntnis doch frühzeitig schon auch die weitere der Notwendigkeit der Schaffung einer leistungsfähigen Bibliothek für alle Zweige der Rechtswissenschaft. Schon im Anfang der siebziger Jahre des vorigen Jahrhunderts erfreute sich daher das juristische Seminar zu Halle eines bedeutenden Rufes, so daß seine Einrichtungen damals und später bei der Neuerrichtung juristischer Seminare für zahlreiche andere Fakultäten, so namentlich in Marburg und Prag als Vorbild gedient haben. Auf Ersuchen der mit der Gründung eines juristischen Seminars befaßten rechts- und staatswissenschaftlichen Fakultät der Universität Prag erstattete die hallische Juristenfakultät am 31. Oktober 1873 durch ihren damaligen Dekan Hermann Fitting[18] einen ausführlichen Bericht über die „Verhältnisse dieses in Halle in bester Wirksamkeit stehenden Institutes". Er enthält einen wertvollen Beitrag zur Entwicklungsgeschichte des juristischen Seminars während der ersten beiden Jahrzehnte seines Bestandes und soll deshalb in seinem wesentlichen Inhalt hier wortgetreu wiedergegeben werden.

„Bis zum Jahr 1865 bestand bei unserer Fakultät ein juristisches Seminar als ein besonderes Institut, welches in jedem Semester von zweien der ordentlichen Professoren geleitet wurde und den Studierenden, die sich daran beteiligten, für besonders fleißige oder tüchtige Arbeiten Geldprämien in Aussicht stellte. Der

Erfolg des Institutes in dieser Gestalt war jedoch nur ein äußerst geringer. Die Teilnahme der Studierenden war schwach, und schon der Begriff des juristischen Seminars als einer abgeschlossenen Anstalt schien viele von der Beteiligung abzuschrecken. Dagegen gewannen praktische und exegetische Übungen, welche außerhalb des Seminars in freier Weise und ohne den Anreiz von Geldprämien gehalten wurden, einen raschen und immer wachsenden Beifall.

Unter diesen Umständen entschloß sich die Fakultät im Jahr 1865, das Seminar als abgeschlossene und besondere Anstalt aufzuheben, die Geldprämien fallen zu lassen und die zur Anregung der Selbsttätigkeit unserer Studierenden bestimmten Übungen ganz in derselben Art wie alle anderen akademischen Vorlesungen zu behandeln. Nur den Namen eines Seminars behielten wir bei, und zwar lediglich aus der äußeren Rücksicht, weil es dadurch erleichtert wurde, uns die bisher für die seminaristischen Prämien bestimmte Summe, die wir von da an zur Gründung und allmählichen Erweiterung einer juristischen Handbibliothek verwendeten, fortwährend zu verwilligen. Um aber unseren Studierenden deutlich zu zeigen, daß es sich bei unserem „Seminar" durchaus nicht mehr um irgendeine besondere und abgeschlossene, einer Schule ähnliche Anstalt handle, sondern lediglich um eine in freier akademischer Weise zu gebende Anleitung und Anregung zu selbständiger Anwendung des in den theoretischen Vorlesungen Erlernten, wurden nunmehr sämtliche sowohl von den außerordentlichen als von den ordentlichen Fakultätsprofessoren geleitete Übungen als im „juristischen Seminar" stattfindend angekündigt.

So ist die Einrichtung bis zur Gegenwart geblieben, und wir haben zu einer Änderung auch noch keinerlei Veranlassung gefunden. Vielmehr hat sich das Institut in dieser neuen, völlig freien Gestalt vortrefflich bewährt und auf die erfreulichste Weise entwickelt. Die frühere Abneigung unserer Studierenden vor der Beteiligung an seminaristischen Übungen war in kurzer Zeit vollständig verschwunden; und schon seit Jahren hat sich gerade umgekehrt eben dieser Teil unserer akademischen Tätigkeit einer besonderen Beliebtheit zu erfreuen. Die Fakultät legt auf diese Übungen großen Wert, und ihre Veranstaltung gilt geradezu als Verpflichtung eines jeden der hiesigen juristischen Professoren und Dozenten.

Dem Inhalte und Gegenstande nach sind sie von der verschiedensten Art. Nicht nur wird durch romanistische und germanistische Exegetika den Studierenden Anleitung zur selbständigen und richtigen Behandlung der Quellen geboten, sondern zivilistische, zivilprozessuale, kriminalistische und strafprozessuale Praktika verschaffen ihnen auch reiche Gelegenheit zur Anwendung der Rechtstheorie auf konkrete, zweckmäßig ausgewählte Fälle.

Die Methode bei diesen Übungen ist ganz und gar dem Ermessen jedes einzelnen Dozenten überlassen. In manchen wird der Gegenstand konversatorisch, in anderen dagegen auf die Weise behandelt, daß die Studierenden schriftliche Arbeiten machen, die dann von dem Dozenten durchgesehen und besprochen werden.

Namentlich wird dieses letzte Verfahren bei dem, gegenwärtig abwechselnd von drei verschiedenen Professoren geleiteten, Zivilpraktikum angewendet. Wir halten es bei diesem, wie bei jedem andern Zweige der akademischen Wirksamkeit zur Erzielung eines gedeihlichen Erfolges für das wichtigste, dem freien Ermessen und der individuellen Persönlichkeit jedes einzelnen akademischen Lehrers völlig ungehemmtes Spiel zu lassen. Daher haben wir denn auch von jedem Statute geflissentlich abgesehen, und was dergleichen früher bestand, beseitigt."

Über die Neubelebung und Intensivierung dieser praktischen Übungen im akademischen Unterricht, namentlich seit der Nachkriegszeit ist bereits im Rechenschaftsberichte die Rede gewesen. Die Entwicklungsgeschichte dieser Praktika, neben denen selbstverständlich auch die Anleitung zu produktiver wissenschaftlicher Forschung im seminaristischen Betriebe im engsten Sinne des Wortes eifrige Pflege in Halle gefunden hat, kann an der Hand der Vorlesungsverzeichnisse verfolgt werden, wie die Forschungsergebnisse aus zahlreichen wissenschaftlichen Veröffentlichungen zu ersehen sind. Eine Aufzählung auch nur der bedeutendsten Leistungen an dieser Stelle verbietet der Raum.

Nur zur Geschichte der Seminarbibliothek, die im Anschluß an die Lehrtätigkeit der Rechtslehrer die geistige und räumliche Grundlage für den Seminarbetrieb bildet, können die wichtigsten Daten beigebracht werden. „Zur Anschaffung einer juristischen Bibliothek und zur Einrichtung eines auch für die juristischen Seminarübungen bestimmten juristischen Lesezimmers" wurden im Jahre 1864 einmalig 100 Taler, 1865 und 1867 je 50 Taler aus staatlichen Mitteln bewilligt.

Erst seit 1873 stand dem Seminar eine ständige Dotation von 50 Talern jährlich zur Verfügung, die 1875 auf 450 Mark, später auf 600 Mark erhöht wurde. Bei diesem Betrage ist es bis zur Inflationszeit verblieben. Trotz dieser sehr bescheidenen Ausstattung mit Geldmitteln gelang es dank zahlreichen Bücherspenden, namentlich seitens der Mitglieder der Fakultät, eine stattliche Bibliothek zu schaffen, die im Jahre 1893 bereits 2 000 Bände zählte. Sie wurde durch die Schenkung der Bibliothek des am 1. August 1900 verstorbenen Germanisten Professor Dr. Alfred Boretius[19] um 744 Bände vermehrt, die vorwiegend Werke zur deutschen Rechts- und Verfassungsgeschichte enthalten. 1911 wuchs dem Seminar die Bibliothek des 1888 verstorbenen Geh. Oberregierungsrates Dr. Friedrich Meyer-Thorn durch Schenkung zu. Die staatliche Seminardotation wurde nach Stabilisierung der Währung auf jährlich 2000 RM. festgesetzt und soll im laufenden Rechnungsjahre erhöht werden. Der Bücherbestand beläuft sich gegenwärtig auf nicht ganz 10 000 Bände.

Das juristische Seminar mit seiner Bibliothek ist räumlich stets mit der Juristenfakultät verbunden gewesen. 1893 wurde es in dem alten Gebäude des Oberbergamts auf dem Domplatz Nr. 1 untergebracht, 1902 erfolgte die Übersiedlung in das neu erbaute Melanchthonianum, das 1911 mit dem Thomasianum vertauscht wurde. Die Pläne für die innere Einrichtung daselbst wurden von Professor Dr. Dr. Paul Langheineken[20] ausgearbeitet. Im Thomasianum nimmt das juristische Seminar nunmehr das gesamte zweite und einen Teil des ersten Obergeschosses ein.

Die Bibliothek, die während der ersten Jahrzehnte des Bestandes nur an zwei Nachmittagen der Woche je zwei Stunden zugänglich war, ist jetzt von 8 bis 20 Uhr, im Winter bis 22 Uhr geöffnet. Sie ist Präsenzbibliothek. Die Leitung des juristischen Seminars oblag früher dem Dekan der Juristenfakultät; sie liegt gegenwärtig in den Händen sämtlicher ordentlichen Professoren der Rechtswissenschaft, aus deren Mitte ein geschäftsführender Direktor gewählt wird. Besonders eifrig betreute das juristische Seminar während der langen Jahrzehnte seiner Wirksamkeit der Geh. Justizrat Professor Dr. Hermann Fitting. Seither hatten als geschäftsführende Direktoren die Seminarleitung inne: 1893–1911 Geh. Justizrat Professor Dr. Gustav Lastig[21]; 1911–1916 Geh. Justizrat Professor Dr. Rudolf Stammler[22]; 1916–1918 Geh. Justizrat Professor Dr. Paul Rehme[23]; 1918–1921 Geh. Justizrat Professor Dr. Rudolf Hübner[24]; 1921 bis 1925 Professor Dr. Julius von Gierke[25]; seit dem Wintersemester 1925/1926 Professor Dr. Guido Kisch.

**Quellen**

Die vorstehende Darstellung hat zur Grundlage die Akten der rechts- und staatswissenschaftlichen Fakultät der Universität Halle, Rep. III. 95 G, Vol. I 1865–1913; Vol. II ab 1914.

**Literatur**

Das Schrifttum hat keine eingehende Darstellung der Geschichte des juristischen Seminars aufzuweisen. Nur knappe Notizen finden sich bei Wilhelm Schrader, Geschichte der Friedrichs-Universität zu Halle, II; Berlin 1894, S. 302; Guido Kisch in Minerva-Handbücher, I. Abt.: Die Bibliotheken; Bd. 1, Deutsches Reich; Berlin und Leipzig 1927, S. 299. Über das kriminalistische Seminar, das sich 1889–1899 in Halle befand, berichtet Franz von Liszt, Das kriminalistische Seminar bei Max Lenz, Geschichte der Königlichen Friedrich Wilhelm-Universität zu Berlin, III.: Halle a.d.S. 1910, S. 28 ff.

**Anmerkungen (vom Bearbeiter 2005)**

[1] Über ihn vgl. Heiner Lück: Der Rechtshistoriker Guido Kisch (1889–1985) und sein Beitrag zur Sachsenspiegelforschung, in: Hallesche Rechtsgelehrte jüdischer Herkunft, hg. von Walter Pauly, (= Hallesche Schriften zum Recht 1) Köln-Berlin-Bonn-München 1996, S. 53–66, 93–116.

[2] Das juristische Seminar an der Universität Halle-Wittenberg im 75. Jahre seines Bestehens / Von Dr. Guido Kisch / o. ö. Professor der Rechte an der Universität Halle-Wittenberg, geschäftsführender Direktor des juristischen Seminars/HALLE (SAALE), Verlag des juristischen Seminars der Universität/(ovale Titelvignette mit Thomasius-Bild)/1928. 16 Seiten, Frontispiz: Vorderansicht des Thomasianum. Auf S. 2 heißt es: „Der Rechenschaftsbericht Seite 3–11 wird in der Chronik der Universität Halle-Wittenberg für 1926 bis 1928 zur Veröffentlichung gelangen. Das Bild von Christian Thomasius, das der Titelvignette zur Vorlage diente, befindet sich in der Sammlung älterer Juristenbildnisse des Verfassers. Der Name des Stechers war nicht mit Sicherheit zu ermitteln; vermutlich: Christian Gottlieb Geyser (1742–1803). Die Autotype lieferte die graphische Kunstanstalt Adolf Müller in Halle. Alle Rechte vorbehalten. Druck der Buchdruckerei des Waisenhauses."

[3] Zur Zusammensetzung der Fakultät vgl. Rolf Lieberwirth: Der Lehrkörper der Rechts- und Staatswissenschaftlichen Fakultät an der Universität Halle-Wittenberg zwischen den beiden Weltkriegen. Ein erster zusammenfassender Überblick, in: Hallesche Juristen jüdischer Herkunft (wie Anm. 1), S. 11–31.

[4] Zur Baugeschichte des Thomasianums vgl. Angela Dolgner: Die Bauten der Universität Halle im 19. Jahrhundert. Ein Beitrag zur deutschen Universitätsgeschichte, hg. von Dieter Dolgner, Halle 1996, S. 79–82.

[5] 1. Januar 1655 Leipzig †23. September 1728 Halle. Studium d. Philosophie u. Rechtswiss. in Leipzig u. Frankfurt (Oder); seit 1682 Lehrveranstaltungen in Leipzig; 1690 Wechsel nach Halle; 1694 Professor an der Jurist. Fakultät der Universität Halle; 1710 Direktor d. Universität Halle auf Lebenszeit; Begründer der deutschen Frühaufklärung (Klaus Luig: Thomasius, Christian, in: Handwörterbuch zur deutschen Rechtsgeschichte, Bd. 5, hg. von Adelbert Erler, Ekkehard Kaufmann u. Dieter Werkmöller unter philologischer Mitarbeit von Ruth Schmidt-Wiegand, berlin 1998, Sp. 186–195).

[6] Dolgner (wie Anm. 4), S. 74–78.

[7] Zu seiner Geschichte vgl. Lieselotte Jelowik: Tradition und Fortschritt. Die hallesche Juristenfakultät im 19. Jahrhundert (= Hallesche Schriften zum Recht 6), Köln-Berlin-Bonn-München 1998, S. 252–258.

[8] *2. März 1851 Wien †21. Juni 1919 Seeheim a. d. Bergstraße; 1869–1873 stud. iur. Wien, 1874 Dr. utr. iur., 1874 Habilitation Graz, 1879 Prof. in Gießen, 1882 Prof. in Marburg, 1889 Prof. in Halle, 1899–1916 Prof. in Berlin (Jan Schröder: Franz von Liszt, in: Deutsche und Europäische Juristen aus neun Jahrhunderten. Eine biographische Einführung in die Geschichte der Rechtswissenschaft, hg. von Gerd Kleinheyer u. Jan Schröder, 4. Aufl., Heidelberg 1996, S. 248–253). Über von Liszts Wirken in Halle vgl. Jelowik (wie Anm. 7), S. 252 ff. u. passim.

[9] Gemeint ist der Erste Weltkrieg 1914–1918.

[10] Seit 1919 (Weimarer Republik).

[11] Vgl. dazu Michael Stolleis: Geschichte des öffentlichen Rechts in Deutschland, Dritter Band:

12 Chronik der Preußischen Vereinigten Friedrichs-Universität Halle–Wittenberg für den Zeitraum vom 1. April 1916 bis zum 12. Juli 1926. Herausgegeben von Rektor und Senat, Halle (Saale) 1928. Der angekündigte Bericht Kischs ist auf S. 138–139 abgedruckt.

13 Gemeint ist das staatswissenschaftliche Seminar. Vgl. dazu Gustav Aubin: Staatswissenschaftliches Seminar, in: Chronik (wie Anm. 12), S. 139–142.

14 Dolgner (wie Anm. 4), S. 103–112.

15 Werner Richter, *5. Mai 1887 Berlin †19. September 1960 Bonn, Stud. d. Germanistik Berlin, Marburg, Basel; 1910 Dr. phil., 1913 Habilitation, 1918 Gastprof. Istanbul, 1919 ao. Prof. Greifswald, 1920 o. Prof. Greifswald, 1920–1932 Ministerialrat/Ministerialdirigent im preuß. Ministerium f. Wissenschaft, Kunst und Volksbildung sowie Honorarprof. Berlin, 1932–1933 o. Prof. Berlin, 1933 Ausscheiden aus Dienst, 1938 Emigration in die USA, seit 1949 Gastprof. in Bonn, 1951-1953 Rektor d. Universität Bonn (Deutsche Biographische Enzyklopädie, hg. von Walther Killy u. Rudolf Vierhaus [DBE], Bd. 8, München 1998, S. 284).

16 Georg Jahn, *28. Februar 1885 Leipzig †18. Mai 1952 Berlin (West); Studium der Philosophie u. Staatswiss. in Jena; 1906–1909 Forts. des Studiums in Leipzig, Spezialisierung auf Nationalökonomie; 1909 Syndikus des Verbandes deutscher Bürobeamter, 1914–1918 Militärdienst, 1919 Habilitation in Leipzig; 1919 ao. Prof. an TH Braunschweig, 1923 o. Prof. an TH Dresden, 1924 o. Prof. f. wirtschaftl. Staatswiss. u. Statistik in Halle; 1937 Versetzung in den Ruhestand wegen jüdischer Ehefrau; 1945 wiederum Prof. in Halle; 1946 Prof. an TH Berlin-Charlottenburg (Henrik Eberle: Die Martin-Luther-Universität in der Zeit des Nationalsozialismus 1933–1945, Halle 2002, S. 292 f.).

17 Zur Geschichte des Juristischen Seminars im 19. Jahrhundert vgl. ausführlich Jelowik (wie Anm. 7), S. 246–252.

18 *27. August 1831 Meuchenheim (Rheinpfalz) †3. Dezember 1918 Halle. Stud. iur. Würzburg, Heidelberg, Erlangen; 1852 Dr. utr. iur., 1856 Habilitation Heidelberg, 1857 ao. Prof. Basel, 1858 o. Prof. f. Römisches Recht, 1862–1902 Prof. f. Römisches Recht in Halle (DBE 3 (1996), S. 333). Vgl. auch Jelowik (wie Anm. 7), S. 116 ff. u. passim.

19 *27. Februar 1836 Meseritz (Posen) †1. August 1900 Heilanstalt Karlsfeld. Stud. iur. Berlin u. Halle, 1860–1865 Mitarb. der Monumenta Germaniae Historica, 1864 Habilitation in Berlin, 1868 o. Prof. Zürich, 1871/1872 Honorar-Prof. Berlin, 1874 Prof. in Halle, 1885 Mitgl. d. evang. Generalsynode, 1878–1881 Reichstagsabgeordneter, 1885 Mitgl. d. preuß. Abgeordnetenhauses, 1886 Erkrankung an einem Nervenleiden (DBE 2, 1995, S. 29); Jelowik (wie Anm. 7), S. 94 ff.

20 *1865 Chemnitz. Studium der Mathematik, 1892 Promotion in Mathematik Leipzig, Studium der Rechtswiss., 1899 Dr. utr. iur., Habilitation in München, 1907 Prof. in Halle (Lieberwirth: Lehrkörper, wie Anm. 3, S. 16).

21 *1844 †1930. 1871 Habilitation, 1873 ao. Prof. Halle, 1878 o. Prof. Halle (Jelowik, wie Anm. 7, S. 90 ff.).

22 *19. Februar 1856 Alsfeld †25. April 1938 Wernigerode. Stud. iur. Gießen u. Leipzig, 1880 Habilitation f. Römisches Recht, ao. Prof. Marburg u. Gießen, 1885 o. Prof. Halle, 1916–1921 Prof. Berlin, 1923 Übersiedlung nach Wernigerode; bedeutender Rechtsphilosoph (Jan Schröder: Rudolf Stammler, in: Deutsche und europäische Juristen, wie Anm. 8, S. 386–390; Jelowik, wie Anm. 7, S. 107 ff.).

23 *10. Januar 1867 Görlitz †10. Juli 1941 Leipzig. Stud. iur. Halle u. Berlin, 1891 Dr. utr. iur., 1894 Habilitation Kiel, 1898 ao. Prof. Berlin, 1901 o. Prof. f. deutsches bürgerliches Recht, Handelsrecht u. deutsche Rechtsgeschichte Halle, 1918 Prof. Breslau, 1922–1935 Prof. Leipzig (DBE 8, 1998, S. 192).

24 *19. September 1864 Berlin †7. August 1945 Darmstadt. 1888 Dr. utr. iur., 1893 Habilitation, 1893 ao. Prof. Bonn, 1904 o. Prof. Rostock, 1913 Prof. Gießen, 1918 Prof. Halle, 1921 Prof. Jena (DBE 5, 1997, S. 206).

25 *5. März 1875 Breslau †2. August 1960 Göttingen. Stud. iur. in Heidelberg u. Berlin 1898 Dr. utr. iur., 1901 Habilitation Göttingen, 1904 ao. Prof., 1908–1919 o. Prof. Königsberg, 1919–1925 Prof. in Halle, 1925 Prof. in Göttingen, 1938 wegen jüdischer Abstammung zwangsemeritiert, nach 1945 wiederum Lehrtätigkeit in Göttingen (DBE 3, 1996, S. 680). Vgl. auch Jelowik (wie Anm. 7), S. 125, 130.

# Bibliotheksstempel aus drei Jahrhunderten
## Heiner Lück

## 1. Stempel der Juristischen Bibliothek

Bibliotheksstempel dienen der Eigentumskennzeichnung[1] an Büchern, die für die jeweilige Bibliothek erworben und nach einem feststehenden Inventarisierungsvorgang dauerhaft in den Bestand eingefügt werden. Das gegenläufige Verfahren ist die Aussonderung[2] aus dem Bestand, bei dem in der Regel der Stempel ungültig gemacht wird (etwa mittels Durchstreichung) und ein entsprechender Vermerk („Ausgesondert" o. ä.) hinzugesetzt wird. So findet sich auch in den Büchern der Juristischen Bibliothek eine Reihe von Stempeln, welche in der Regel im Zusammenhang mit dem Erwerb des jeweiligen Buches auf dem Vorsatzblatt und/oder dem Schmutztitel und/oder dem Haupttitel und/oder auf der Innenseite des Einbandes aufgebracht wurden. Gelegentlich befinden sie sich zusätzlich auf dem Schnitt (Vorder-, Kopf- oder Fußschnitt).[3]

Die Gestaltung der Stempel sagt in der Regel etwas über die Zeit aus, in welcher sie entstanden sind und verwendet wurden.

Zu den Bibliotheksstempeln der Juristischen Fakultät gibt es keinerlei Vorarbeiten, so daß mit der folgenden kleinen Übersicht Neuland betreten wird. Eine erste vorläufige Zusammenschau, die natürlich auch einige Unsicherheiten enthält, soll dennoch gewagt werden.

Der älteste Stempel der Juristischen Bibliothek stammt aus dem frühen 18. Jahrhundert; der jüngste ist der derzeit verwendete Stempel mit der vollen Adresse des Juridicums (geschaffen nach 2001). Die Stempel sind immer mit einem Text und in einigen Fällen über den Text hinaus mit einem Bild ausgestattet. An Bild und/oder Text kann man stets die Bezeichnung der Bibliothek bzw. der Institution, welcher sie angehört(e), erkennen. Bildhafte Darstellungen weisen der älteste Stempel aus dem frühen 18. Jahrhundert und die vier Stempel aus der ersten Hälfte des 20. Jahrhunderts auf. Es handelt sich dabei um unterschiedliche Darstellungen des preußischen Adlers bzw. (seit 1936) des Reichsadlers sowie des Landeswappens von Sachsen-Anhalt (1947–1949). In die zweite Hälfte des 19. Jahrhunderts ist der wohl erste Stempel des „Juristischen Seminars" einzuordnen, welcher nur einen Text wiedergibt. Auch die nach 1945 benutzten Stempel zeigen (bis auf jenen mit dem Landeswappen Sachsen-Anhalts) kein Bild, sondern nur noch einen mehrzeilig angeordneten Text, welcher seit etwa den 1970er Jahren auch die vollständige Postanschrift der Bibliothek enthält.

Im folgenden sollen die bislang bekannten Bibliotheksstempel beschrieben und zeitlich eingeordnet werden. Die Beschreibung folgt den heraldischen Regeln (die Richtungsangaben links und rechts werden also vom Betrachter jeweils seitenverkehrt gesehen). Beschrieben wird der Stempelaufdruck (und demzufolge nicht der Stempel als Gerät). Für die zeitliche Einordnung ist zu beachten, daß politisch oder anderweitig bedingte neue Stempelformen nicht sofort in den Büchern sichtbar werden. Eine gewisse zeitliche Verzögerung ist hier stets einzukalkulieren. Dabei fand der jeweils frühere Stempel gelegentlich auch weitere Verwendung (mit Ausnahme des Stempels mit dem Symbol des „Dritten Reiches"). Mehrere Stempel sind offenbar auch zeitlich parallel benutzt worden. Es sei auch noch einmal hervorgehoben, daß der für das Stempeln der Bücher entscheidende Zeitpunkt nicht das Erscheinungsjahr, sondern die Aufnahme in den Bestand der Juristischen Bibliothek (Erwerb) ist.

Nr. 1 (frühes 18. Jahrhundert)
Der Stempelaufdruck zeigt einen längsovalen Schild mit einem nach rechts blickenden gekrönten Adler. Dieser hält in seinem rechten Fang ein Schwert, während im linken Fang eine Waage zu sehen ist. Die in Großbuchstaben der Antiqua[4] gehaltene Umschrift lautet: „ORDO JCTOR. HALENS."[5] Die Maße betragen in der Höhe 2,5 cm und in der Breite 2,2 cm.

Anhand des mit der preußischen Königskrone gekrönten Adlers läßt das Stempelbild erkennen, daß es nach 1701 entstanden sein muß, nachdem Preußen Königreich geworden war. Schwert und Waage sind die Sinnbilder der Gerechtigkeit (Justitia), welche hier dem preußischen Wappentier als Attribute beigegeben sind. Die Umschrift heißt vollständig aufgelöst: „Ordo Jurisconsultorum Halensis" (= Hallische Juristenfakultät). Die Bezeichnung „Iurisconsultus" (abgekürzt häufig auch „IC", „JC" oder „ICtus") war während der frühen Neuzeit üblich für einen gelehrten Juristen, welcher u. a. rechtliche Gutachten (consilia) erstellte. Letzteres war gerade für einen Rechtsprofessor eine geradezu typische Tätigkeit.

Im Bild lehnt sich der Stempel an die ältesten Siegel der hallischen Juristenfakultät an.[6] Der Text entspricht am ehesten einem schwer datierbaren (wohl auch aus dem 18. Jahrhundert stammenden) Dekanatssiegel.[7]

Dieser Stempel wurde ganz sicher während des frühen 18. Jahrhundert verwendet. Wielange er in Gebrauch war, ließ sich bislang nicht ermitteln.

Nr. 2 (frühes 19. Jahrhundert)
Aus dem frühen 19. Jahrhundert ist ein Stempel überliefert, welcher eine querovale Form hat. Das Oval mißt 2,7 cm in der Länge und 2,2 cm in der Breite. Im Feld steht der Text: „ORDO / ICTORUM / HALENS." Wie beim obigen Stempel heißt der Text vollständig: „Ordo Iurisconsultorum Halensis" (= Hallische Juristenfakultät). Vielleicht handelt es sich um jenen Stempel, der bis zur Gründung des Juristischen Seminars 1853 Verwendung fand.

Nr. 3 (nach 1853–ca. 1926)
Wahrscheinlich kurz nach der Gründung des Juristischen Seminars im Jahre 1853 wurde der rechteckige Stempel mit dem dreizeiligen Text in Antiqua: „JURISTISCHES / SEMINAR / HALLE a. d. S." geschaffen. Bis auf den Zusatz „a. d. S." wurde auch dieser Text in Großbuchstaben der Antiqua gestaltet. Die Ecken des Stempels sind abgerundet. Der Stempel mißt 4,0 cm in der Länge und 2,0 cm in der Breite. Er wird bis in das frühe 20. Jahrhundert hinein Verwendung gefunden haben. Vielleicht ist der Stempel auch erst im Jahre 1865 geschaffen worden, als man

Nr. 1
Nr. 2

Nr. 3
Nr. 4

Nr. 5
Nr. 6

Nr. 7
Nr. 8

begann, einen Bibliotheksbestand für das Juristische Seminar systematisch aufzubauen.[8]

Nr. 4 (nach 1853–ca. 1926)
Parallel zu diesem Stempel wurde (wohl seit den 1870er Jahren) ein Prägestempel verwendet. Er beinhaltet den Text „BIBL. D. JURIST. SEM. / HALLE a/S." (= Bibliothek des Juristischen Seminars Halle a./S.). Die Abmessungen betragen 4,8 cm in der Länge und 1,4 cm in der Breite.

Nr. 5 (ca. 1926–1933)
In den 1920er Jahren, jedenfalls während der Weimarer Republik, kam der erste kreisrunde Stempel auf. Er zeigt im Feld einen auffliegenden preußischen Adler nach links oben blickend. Die Umschrift in Groß- und Kleinschreibung der Antiqua lautet oben von links nach rechts: „Rechtswiss. Seminar" und von unten links nach rechts: „Universität Halle–Wittenberg"[9]. Der Durchmesser des Stempels beträgt 3,0 cm. In den Büchern der Juristischen Bibliothek ist er spätestens seit 1927 nachweisbar. Seine Verwendung endete wahrscheinlich im Jahre 1932.[10]

Vorausgegangen waren der Eintritt der Ökonomen in die Juristische Fakultät und die Umbenennung in Rechts- und Staatswissenschaftliche Fakultät im Jahre 1914. Damit verbunden war die neue Bezeichnung „Rechtswissenschaftliches Seminar" für die juristische Bibliothek. Allerdings schlug sich diese Veränderung im Bibliotheksstempel erst in den 1920er Jahren nieder.

Nr. 6 (1933–1936)
Mit der Machtergreifung der Nationalsozialisten im Januar 1933 wurde ein neuer Stempel mit den Hoheitszeichen des „Dritten Reiches" eingeführt. Er ist wiederum kreisrund mit einem Durchmesser von 3,5 cm. Im Feld ist ein nach links oben blickender, auffliegender Adler unter einem Band mit der (preußischen) Devise „Gott mit uns!" zu sehen. Er trägt ein Hakenkreuz auf der Brust; im linken Fang hält er zwei gekreuzte Blitze, im rechten Fang ein aufgerichtetes Schwert. Devise und Umschrift sind in Frakturschrift[11] gestaltet: „Rechtswissenschaftliches Seminar der Martin Luther=Universität". Zwischen dem Anfang und dem Ende der Umschrift ist ein weiteres Hakenkreuz zu sehen. Der Zusatz zum Universitätsnamen „Halle= Wittenberg" befindet sich im Feld unterhalb des Adlers.

Die Verwendungszeit des Stempels läßt sich ziemlich genau zwischen 1933/1934 und 1935 datieren.

Nr. 7 (1936–1945)
Seit 1936 war das Hoheitszeichen des „Dritten Reiches" in Gestalt eines stilisierten Adlers mit ausgebreiteten Flügeln, der einen Eichenkranz mit einem Hakenkreuz in den Fängen hält, verbindlich geregelt. Es ist jenes Symbol, welches auch die Angehörigen der „Wehrmacht" an Stahlhelm, Mütze und Uniform führten. Eine Parallele dazu findet man in der Gestaltung der Kleinmünzen der Zeit (1-, 2-, 5-, 10- und 50-Pfennigstükke), welche ab 1936 eben dieses Symbol zeigen. Die in Antiqua[12] gestaltete Umschrift des Bibliotheksstempels lautet: „Rechtswissenschaftliches Seminar der Martin Luther-Universität". Der Ortsname „Halle-Wittenberg" steht bereits bogenförmig an die Rundung angelehnt im Feld unter dem Eichenkranz. Zwischen Anfang und Ende der (äußeren) Umschrift ist ein vierstrahliger Stern zu sehen. Der Durchmesser des Stempels beträgt 3,4 cm. Er wurde von 1936 bis 1945 verwendet.[13]

Nr. 8 (1945–um 1950)
Dieser eben beschriebene Stempel wurde auch noch nach 1945 benutzt, allerdings

mit einem völlig leeren Bildfeld. Der Adler mit Eichenkranz und Hakenkreuz war aus dem Stempel herausgeschnitten worden, so daß nur noch die Umschrift und der vierstrahlige Stern am unteren Rand übrig blieben: „Rechtswissenschaftliches Seminar der Martin Luther-Universität", darüber im Feld: „Halle-Wittenberg". Dieser Stempel fand von 1946 (Wiedereröffnung der Universität) bis (wahrscheinlich) um 1950 Verwendung.

Sein Durchmesser beträgt wegen der Identität mit dem oben beschriebenen ebenfalls 3,4 cm.

Nr. 9 (1947–1949)

In den Jahren nach 1945 fand noch ein weiterer Stempel Eingang in die Reihe der Bibliotheksstempel. Er spiegelt die Gründung des Landes Sachsen-Anhalt im Jahre 1947 wider. Der kreisrunde Stempel weist einen Durchmesser von 3,3 cm auf. Seine Umschrift lautet: „Rechtswissenschaftliches Seminar der Martin-Luther-Universität Halle–Wittenberg". Zwischen dem Anfang des ersten und dem Ende des letzten Wortes befindet sich ein sechsstrahliger Stern. Im Feld ist das Wappen des Landes Sachsen-Anhalt zu sehen, wie es durch Wappengesetz vom 14. Dezember 1948 bestimmt wurde.[14] Es zeigt im abgerundeten Schild je fünf schwarze und je fünf (bei farbigen Darstellungen) goldene Balken im Wechsel – mit einem schwarzen Balken am oberen Rand beginnend. Darüber ist ein von rechts oben nach links unten verlaufender grüner Rautenkranz gelegt. Als Wappenbekrönung sind Hammer, Schlägel, Ähren und Lorbeerblätter zu erkennen. Unter dem Wappen befindet sich die Zahl „22" (offenbar für die Zweigbibliothek der ULB).

Der Stempel ist entsprechend der staatsrechtlichen Situation wohl nur von 1947 bis 1949 verwendet worden.

Nr. 10
(nach 1945–Anfang der 1950er Jahre)
Ein nicht genau datierbarer Schriftzug „Rechtswissenschaftliches Seminar" in den Abmessungen von 6,3 cm Länge und 0,5 cm Breite ist in Büchern aus den Jahren 1950/1951 zu finden.

Nr. 11 (1950–1951)

In diese Zeit (1950/1951) gehört wohl auch ein kreisrunder Stempel mit einem Durchmesser von 3,3 cm ohne Bild. Die Umschrift lautet: „Rechtswissenschaftliches Seminar der Martin Luther-Universität + in Halle a/S. +". Unten herum, an das Kreisrund angelehnt, erscheint: „Halle–Wittenberg".

Nr. 12 (1952)

Im Jahre 1952 (vielleicht auch kurz davor und kurz danach) fand wohl nur kurzzeitig ein zweizeiliger Stempel Verwendung mit dem Text: „Bücherei der / Juristischen Fakultät Halle (S)". Seine Abmessungen betragen in der Länge 5,7 cm und in der Breite 1,8 cm. Den Hintergrund bildeten die Gründung der Wirtschaftswissenschaftlichen Fakultät im Jahre 1951 und die Wiedereinführung der Bezeichnung Juristische Fakultät.

Nr. 13 (1952/1953–1969)

Wohl kurze Zeit nach 1952 wurde ein ganz einfacher Stempel geschaffen. Er weist lediglich den zweizeiligen Text „Bibliothek der / Juristischen Fakultät Halle/S." auf. Ihn führte die Bibliothek der Juristischen Fakultät Halle bis zur III. Hochschulreform der DDR, in deren Ergebnis die Fakultäten durch „Sektionen" ersetzt wurden. Demzufolge wurde der Stempel bis 1969 benutzt. Seine maximale Länge beträgt 5,6 cm, seine maximale Breite 1,7 cm.

Nr. 14 (nach 1960–1969)
In den 1960er Jahren fand letztmals ein kreisrunder Stempel mit einem Durchmesser von 3,3 cm Verwendung. Er zeigt die Umschrift: „Bibliothek d. Juristischen Fakultät". Ein sechsstrahliger Stern ist am unteren Kreisrund angebracht. Im Feld steht waagerecht das Wort „Halle".

Nr. 15 (1969–1989/1990)
Mit der Bildung der „Sektion Staats- und Rechtswissenschaft" im Jahre 1969 erfolgte auch eine Änderung des Bibliotheksstempels. In drei Zeilen angeordnet sind die Wörter:
„Bibliothek der Sektion / Staats- und Rechtswissenschaft / Halle/S., Universitätsplatz 10a".
Die Maße betragen 5,7 cm in der Länge und 1,7 cm in der Breite. Zum ersten Mal wird die Hausanschrift der juristischen Bibliothek (Universitätsplatz 10a = Thomasianum) auf dem Stempel angegeben.

Nr. 16 (1969–1989/1990)
Eine etwa zeitgleiche Variante stellt der Stempel mit den gleichen Maßen und dem Text: „Bibliothek der Sektion / Staats- u. Rechtswissenschaft / Halle (Saale)" dar. Verwendet wurde der Stempel von frühestens 1969 bis zur Auflösung der Sektion in den Jahren 1989/90.

Nr. 17 (nach 1980–1989/1990)
Wahrscheinlich in den 1980er Jahren wurde ein neuer Stempel gestaltet und benutzt. Er zeigt den vierzeiligen Text: „Universitäts- und Landesbibliothek / Zweigstelle / Staats- und Rechtswissenschaft / 4020 Halle, Universitätsplatz 10a".
Diese Art eines Bibliotheksstempels diente (im Unterschied zu den älteren Stempeln) nicht nur dem Inventarisierungsvermerk in den jeweiligen Büchern, sondern auch als allgemeiner Absenderstempel im Postverkehr, worauf die (erstmals hier) verwendete vierstellige Postleitzahl hinweist.
Als Länge können 4,7 cm, als Breite 1,8 cm gemessen werden. Seine Verwendungszeit kann etwa mit 1980 und 1989/1990 eingegrenzt werden.

Nr. 18 (nach 1980–1989/1990)
Etwa zeitgleich und somit parallel zu dem vorigen Stempel wurde eine etwas ausführlichere Variante des eben beschriebenen Stempels benutzt. Diese weist wiederum einen vierzeiligen Text auf: „Universitäts- u. Landesbibliothek / Zweigstelle / Staats- u. Rechtswissenschaft / Universitätspl. 10a, Halle, DDR–4020". Die maximale Länge beträgt 5,2 cm, die maximale Breite 1,8 cm. Verwendet wurde er offenbar von 1982 bis 1990.

Nr. 19 (1990–1993)
In den im Jahre 1992 inventarisierten Büchern findet sich ein Stempel mit dem Text: „Universitäts- und Landesbibliothek / Zweigbibliothek / Juristische Fakultätsbibliothek / Universitätsplatz 10a, O–4020 Halle". An der Postleitzahl ist zu erkennen, daß der Stempel im Zeitraum zwischen 1991 und 1993 verwendet wurde. Der Wortlaut des Textes bezieht sich bereits auf die seit Anfang 1991 in Gründung befindliche und 1993 feierlich eröffnete heutige Juristische Fakultät.

Nr. 20 (1993–1998)
Aus den frühen 1990er Jahren stammt der fünfzeilige Stempel mit der Aufschrift: „Martin-Luther-Universität / Zweigbibliothek der ULB / Juristische Fakultät / Universitätsplatz 10a / 06099 Halle (Saale)". Die Zeitstellung ist anhand der am 1. Juli 1993 eingeführten fünfstelligen Postleitzahlen gut auszumachen. Der Stempel

Nr. 9
Nr. 10

Nr. 11
Nr. 12

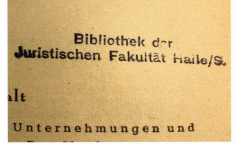

Nr. 13
Nr. 14

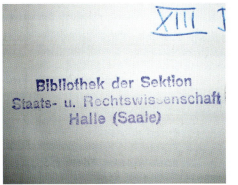

Nr. 15
Nr. 16

fand bis zur Eröffnung des Juridicums im Jahre 1998 Verwendung. Seine Abmessungen betragen 4,0 cm in der Länge und 1,8 cm in der Breite.

Nr. 21 (1998–ca. 2002)
Der von 1998 bis nach 2000 gebräuchliche Stempel weist einen fünfzeiligen Text, wiederum mit der vollständigen Postanschrift der Juristischen Bibliothek auf: „Martin-Luther-Universität / Zweigbibliothek der ULB / Juristische Fakultät / Universitätsplatz 3–5 – Juridicum / 06099 Halle (Saale)". Die maximale Länge der Zeilen beträgt 4,9 cm, die maximale Breite des Stempels 1,7 cm.

Nr. 22 (nach 2001)
Der heute verwendete Stempel hat ebenfalls einen fünfzeiligen Text. Er lautet: „Martin-Luther-Universität[15] / Zweigbibliothek der ULB / Rechtswissenschaft / Universitätsplatz 5 / 06108 Halle (Saale)". Er mißt 4,5 cm in der Länge und 1,7 cm in der Breite. Es handelt sich um den wohl zeitlich jüngsten Bibliotheksstempel.

*2. Sonstige Stempel in den Büchern der Juristischen Bibliothek (Auswahl)*

Neben den Bibliotheksstempeln, welche als Eigentümerkennzeichen dienen, erscheint in den Büchern der Juristischen Fakultät eine Vielzahl von weiteren Stempeln, mit denen insbesondere die Herkunft der betreffenden Bücher kenntlich gemacht wurde. Von ihnen soll hier eine kleine Auswahl vorgestellt werden.

Nr. 23
Der rechteckige Stempel weist den sehr gedrungenen Text: „KOEN.FRIED. / UNIVERS. / ZV HALLE" auf. Dabei fällt auf, daß das „E" in das „O" bei „KOEN."

hinein gelegt wurde. Dieses Detail ist hervorhebenswert, da somit eine bestimmte Variante dieses Stempels feststeht. Der Text heißt vollständig: KOENigliche FRIEDrichs- UNIVERSität ZV HALLE. Das Rechteck des Stempelaufdrucks beträgt 3,3 cm in der Länge und 2,2 cm in der Breite. Es handelt sich um einen Stempel der Zentralbibliothek (also der heutigen Universitäts- und Landesbibliothek), der während des 19. Jahrhundert benutzt wurde.[16] Der Stempel in Büchern der Juristischen Fakultät zeigt an, daß sie aus den Beständen der Zentralbibliothek stammen und an die Juristische Bibliothek abgegeben worden sind.[17]

Nr. 24
Eine typische Kennzeichnung für die Aussonderung eines Buches aus der Zentralbibliothek stellt der quer-ovale Stempel dar mit dem Text: „DUPLUM / BIBLIOTH. ACAD. / HALENS. / VEND." Vollständig muß der Text lauten: Duplum Bibliothecae Academiae Halensis Venditum (= Verkauftes Doppel aus der hallischen Universitätsbibliothek). Der Stempel ist 2,5 cm hoch und 3,5 cm breit. Er wurde im 18. und 19. Jahrhundert verwendet.

Nr. 25
Ein ebenfalls quer-ovaler Stempel mit dem Text „Aus der Bibliothek / Alfred Boretius.", der 3,5 cm hoch und 1,5 cm breit ist, weist die Herkunft der betreffenden Bücher aus der Bibliothek von Alfred Boretius nach. Letzterer, gestorben im Jahre 1900, hatte seine Bibliothek an die Juristische Fakultät verfügt.[18]

Nr. 26
Eine ganz ähnliche Funktion hat der kreisrunde Stempel mit der Umschrift: „FÜRSTLICH OETTINGEN-WALLERSTEIN'SCHE BIBLIOTHEK". Im Feld

Nr. 17
Nr. 18

Nr. 19
Nr. 20

Nr. 21
Nr. 22

Nr. 23
Nr. 24

sind noch die Wörter zu lesen: „IN / SEY-FRIEDSBERG". Die damit versehenen Bücher stammen aus der Fürstlich Oettingen-Wallersteinschen Bibliothek, welche insbesondere in der Universitätsbibliothek Augsburg aufgegangen ist.[19]

Nr. 27

Zur Gruppe der Stempel, die eine bestimmte Herkunft eines Buches in der Juristischen Bibliothek bezeichnen, gehört auch jener, welcher auf Rudolf Joerges[20] verweist. Dieser Stempel wurde nach 1957 angefertigt mit dem Text: „Gestiftet von / Prof. Dr. Dr. Joerges". Er hat eine Länge von max. 3,9 cm und eine Breite von max. 1,7 cm.

Nr. 28

Auch das Staatswissenschaftliche Seminar, welches ebenfalls im Thomasianum untergebracht war, verfügte über eine eigene Bibliothek und demzufolge über eigene Bibliotheksstempel. Das hier gezeigte und beschriebene Beispiel ist kreisrund und mit 2,8 cm im Durchmesser. Die Umschrift lautet: „STAATSWISS. SEMINAR D. UNIV. HALLE-WITTENBERG". Bücher, welche diesen Stempel aufweisen, sind also von der ursprünglich getrennten Bibliothek des Staatswissenschaftlichen Seminars in die heutige Juristische Bibliothek gelangt. Der Stempel wurde nach 1914 eingeführt und wohl bis etwa 1932/1933 benutzt. Er entspricht vom Typ her dem Stempel des Rechtswissenschaftlichen Seminars aus den 1920er Jahren (vgl. oben Nr. 5).

**Anmerkungen**

Abbildungen: alle von Björn Dittrich und Heiner Lück

[1] Vgl. auch W. Jütte: Eigentumskennzeichnung in Bibliotheken, in: Lexikon des gesamten Buchwesens, 2. Aufl., hg. von Severin Corsten, Günther Pflug u. Friedrich Adolf Schmidt-Künsemüller (LGB²), Bd. II, Stuttgart 1989, S. 426.

[2] Vgl. H.-J. Genge: Aussonderung in Bibliotheken, in: LGB² I (1987), S. 190; ders.: Dubletten, in: LGB² II, S. 385.

[3] Vgl. G. Brinkhus: Schnitt, in: LGB² VI (2003), S. 575–576.

[4] H. Finger: Antiqua, in: LBG² I, S. 104–105.

[5] Der Stempel ist offenbar den frühen Siegeln der Juristischen Fakultät nachgebildet. Zu den verschiedenen Fakultätssiegeln vgl. Gerhard Buchda: Die Spruchtätigkeit der hallischen Juristenfakultät in ihrem äußeren Verlauf, II. Teil, in: ZRG GA 63 (1943), S. 251–318, hier S. 309–313.

[6] Beschreibung bei Buchda (wie Anm. 5).

[7] Buchda (wie Anm. 5), Nr. 5 (S. 312).

[8] Vgl. Lieselotte Jelowik: Tradition und Fortschritt. Die hallesche Juristenfakultät im 19. Jahrhundert (= Hallesche Schriften zum Recht 6), Köln–Berlin–Bonn–München 1998, S. 250 f.

[9] Der ganz ähnlich aussehende Stempel der Zentralbibliothek wurde von 1924 bis 1927 verwendet. Vgl. Bibliotheksstempel. Besitzvermerke von Bibliotheken in der Bundesrepublik Deutschland, hg. von Antonius Jammers (= Beiträge aus der Staatsbibliothek zu Berlin Preußischer Kulturbesitz 6), Berlin 1998, Nr. 66: Universitäts- und Landesbibliothek Sachsen-Anhalt, untere Reihe, Mitte, Verwendungszeitraum 1924–1927 (S. 101).

[10] Vgl. auch den zeitgleichen Stempel des Staatswissenschaftlichen Seminars (siehe unten Nr. 28).

[11] P. Neumann: Fraktur, in: LGB² III (1991), S. 12–13.

[12] Diese (lateinische) Schrift wurde von den Nationalsozialisten 1941 verbindlich eingeführt. Die Verwendung der Frakturschrift war seitdem bis 1945 amtlich verboten. Vgl. dazu auch Jürgen Werner: Frakturverbot, in: Sinn und Form 54 (2002), S. 265–273.

[13] Herrn Manfred Langer (Halle) danke ich für wertvolle Hinweise.

[14] Vgl. dazu Heiner Lück: Wappen und Farben braucht das Land! Von der Sehnsucht nach Identitätssymbolen als Bekenntnis zu einem jungen Bundesland, in: Sachsen-Anhalt. Land der Mitte – Land im Aufbau. Die Entstehung eines neuen Bundeslandes in Erlebnisberichten, hg. von Michael Kilian, Bad Honnef 2002, S. 269–287, hier S. 275 f.

Nr. 25
Nr. 26

Nr. 27
Nr. 28

[15] Auf einem Exemplar des Stempelgerätes (und damit auf den von ihm stammenden Stempelaufdrucken) fehlen die Umlautpunkte über dem „a" im Wort „Universität".

[16] Vgl. auch Bibliotheksstempel (wie Anm. 9), obere Reihe, ganz rechts.

[17] Herrn Manfred Langer (Halle) danke ich für wertvolle Hinweise.

[18] Zu Alfred Boretius vgl. den Beitrag von Guido Kisch und die biographischen Angaben des Bearbeiters in diesem Band (S. 87–97) sowie die Gedenktafel im Treppenaufgang des Thomasianums kurz vor dem zweiten Obergeschoß.

[19] Zu dieser Bibliothek in Augsburg vgl. J. Bellot: Augsburg, in: LGB² I, S. 170-175, hier S. 172.

[20] *19. Juni 1868 Altenkirchen (Rheinland); †04. Dezember 1957. Studium d. Philos. u. Rechtswiss. an den Univ. Bonn u. Halle, 1901 Dr. phil. Bonn, 1909 Dr. iur. utr. Halle, 1912 Habilitation für Rechtsphilosophie, römisches u. deutsches bürgerliches Recht Halle, 1919 persönl. Extraordinarius f. Rechtsphilosophie u. Rechtsmethodik Halle; starke Hinwendung zum Arbeitsrecht; 1928 Ernennung zum persönl. Ordinarius; erster Direktor des 1929 gegr. Instituts f. Arbeitsrecht in Halle; von den Nationalsozialisten 1933 vom Dienst beurlaubt; 1934 zwangsweise in den Ruhestand versetzt; 1946 Ernennung zum ordentlichen Professor für Rechtsphilosophie, römisches Recht, bürgerliches Recht u. Arbeitsrecht, 1948 Dekan, 1950 Ruhestand. Vgl. Rolf Lieberwirth: Rudolf Joerges (1868–1957), in: ders.: Rechtshistorische Schriften, hg. von Heiner Lück, Köln–Weimar–Wien 1997, S. 255–264.

# Chronik der Bibliothek

| | |
|---|---|
| 1853 | Gründung als Juristisches Seminar |
| 1865 | Umstrukturierung. Aufbau einer juristischen Handbibliothek |
| 1873 | Erster ständiger Etat |
| 1889 | bis 1899 Kriminalistisches Seminar als zweites juristisches Seminar |
| 1893 | Umzug in das Oberbergamt, Domplatz 1<br>2 000 Bände |
| 1895 | Erster festangestellter Bibliothekar |
| 1902 | Umzug in das Melanchthonianum, Universitätsplatz 8/9<br>4 500 Bände |
| 1911 | Umzug in das Thomasianum, Universitätsplatz 10 a<br>6 500 Bände |
| 1914 | Gemeinsame Rechts- und Staatswissenschaftliche Fakultät;<br>Umbenennung in Rechtswissenschaftliches Seminar |
| 1927 | Erweiterung der Räumlichkeiten im Thomasianum<br>10 000 Bände |
| 1933 | 14 000 Bände |
| 1951 | Auflösung der gemeinsamen Fakultät; Umbenennung in Fakultätsbibliothek |
| 1969 | Umbenennung in Sektionsbibliothek als Zweigbibliothek der ULB |
| 1974 | 100 000 Bände |
| 1989 | 114 000 Bände |

| | |
|---|---|
| 1990 | Umbenennung in Zweigbibliothek Rechtswissenschaft; Umzug des Lesesaals in das Löwengebäude, Universitätsplatz 11 |
| 1991 | Beginn der elektronischen Katalogisierung |
| 1993 | Neugründung der Juristischen Fakultät; Einrichtung des Lesesaales „Strafrecht" im Franz-von-Liszt-Haus, Universitätsplatz 6; Einrichtung der Bibliothek „Rechtsgeschichte", Advokatenweg 37 |
| 1998 | Umzug in das neu errichtete Juridicum, Universitätsplatz 5, unter gleichzeitiger Auflösung der Standorte Thomasianum, Löwengebäude, Franz-von-Liszt-Haus, Universitätsring 2; Umzug der Bibliothek „Rechtsgeschichte" in den Universitätsring 4 |
| 2000 | 200 000 bibliographische Einheiten |

# Autorenverzeichnis

Kisch, Guido, Prof. Dr. iur. (1889–1985), 1922–1935 Professor für deutsche Rechtsgeschichte und Handelsrecht an der Martin-Luther-Universität Halle–Wittenberg

Lieberwirth, Rolf, Prof. em. Dr. iur. Dr. h. c., Jg. 1920, emeritierter Professor für Rechtsgeschichte und Internationales Privatrecht an der Martin-Luther-Universität Halle–Wittenberg

Lück, Heiner, Prof. Dr. iur., Jg. 1954, Professor für Bürgerliches Recht, Europäische, Deutsche und Sächsische Rechtsgeschichte an der Martin-Luther-Universität Halle–Wittenberg

Schnelling, Heiner, Dr. phil., Jg. 1954, seit 1996 Direktor der Universitäts- und Landesbibliothek Sachsen-Anhalt

Wehnert, Karl-Ernst, Dr. iur., Jg. 1953, Regierungsdirektor seit 1995, Leiter der Zweigbibliothek Rechtswissenschaft der Universitäts- und Landesbibliothek Sachsen-Anhalt

# Personenregister

Accursius: 50, 69
Agricola, Rudolf: 24
Althoff, Friedrich: 57
Anders, Heidrun: 33
Angelus: 73
Arles, Martin von: 79
Baldus de Ubaldis: 69, 73
Barbazza, Andrea: 73
Bartolus de Saxoferrato: 69 ff.
Boehmer, Justus Henning: 52
Boretius, Alfred: 14, 93, 104, 107 (Abb.)
Braeske, Paul: 16
Brant, Sebastian: 76 f.
Breuer: 89
Bruns, Karl Eduard: 11
Dernburg, Heinrich: 11
Dittrich, Björn: 106
Drach d. J., Peter: 73, 79, 81
Eike von Repgow: 55
Eißfeldt, Otto: 22
Fitting, Hermann: 34, 91, 94
Francke, August Hermann: 51
Fricke, Karl Wilhelm: 28
Friedländer, Adolf: 23
Friedländer, Max: 23
Gambiglioni d'Arezzo, Angelo: 70
Geyser, Christian Gottlieb: 94
Gierke, Julius von: 14, 94
Goeschen, Otto: 10 f.
Goltze, Gustav: 63
Golze, Paul: 18
Gratian: 49
Haasenbruch, Regina: 33
Hartwig, Hans: 24

Hartwig, Otto: 34, 55
Harz, Ilse: 26
Henning, Marie-Christine: 57
Herold, Johannes: 77
Heyden, Conrad: 76
Herz, Karola: 33
Höland, Armin: 33
Honecker, Erich: 28
Hübner, Rudolf: 14, 94
Humboldt, Wilhelm von: 44
Innozenz VIII.: 79
Jahn, Georg: 89
Jelowik, Lieselotte: 9
Jenson, Nicolas: 70
Joerges, Rudolf: 17, 106, 107 (Abb.)
Johann von Buch: 74
Justinian I.: 50, 68 f.
Keller, Alex: 62
Kießler, Richard: 16, 89
Kisch, Guido: 9 f., 15 ff., 31, 34 f., 94
Kling, Melchior: 75
Kramer, Heinrich: 79
Kutzner, Sabine: 33
Langer, Gottfried: 18, 35
Langer, Manfred: 106 f.
Langheineken, Paul: 95
Lastig, Gustav: 13 f., 94
Lekschas, Eva: 24
Lekschas, John: 24
Lieberwirth, Rolf: 33, 65
Lilie, Hans: 33, 48
Liszt, Franz von: 13, 31, 34, 86
Lotter d. Ä., Melchior: 75
Lück, Heiner: 32 f., 106

Madai, Karl Otto von: 10
Matschke, Wolfgang: 48
Merkel, Johannes: 11
Messerschmidt, Georg: 76
Meyer-Thorn, Friedrich: 93
Mirbt, Hermann: 23
Müller, Adolf: 94
Müller, Walter: 33
Nettelbladt, Daniel: 53
Neumann, Helga: 33
Nicolaus de Benedictis: 73
Niessen: 89
Noack, Erwin: 23
Pätzold, Erhard: 24
Pauly, Walter: 33
Petri, Heinrich: 77
Ponickau, Johann August von: 55
Pütter, Johann Stephan: 54
Räbiger, Christiane: 33
Rauschning, Dietrich: 28
Rehme, Paul: 14, 94
Richter, Uwe: 33 f.
Richter, Werner (?): 89
Rihel, Wendelin: 76
Roepke, Kurt: 16
Rosenau, Gerhard: 24
Rudolf, Dorothea: 26, 33
Schildbach, Lotte: 17
Schmidt, Rudolf: 35
Schöneburg, Karl-Heinz: 24
Schönsperger, Hans: 48
Schranil, Rudolf: 23
Schreiber, Hans-Ludwig: 28
Schubart-Fikentscher, Gertrud: 23 f., 65
Schubert, Jutta: 48
Schultz, Marianne: 25 f.
Schulz, Gernot: 37
Schwenk, Edmund Heinz: 21, 35
Schwinge, Erich: 18, 23
Simon, Johann Georg: 11
Sommer: 89
Spiller, Hans: 24
Sprenger, Jacob: 79
Stammler, Rudolf: 14, 94
Starke, Wolfgang: 33
Starkloff: 89
Staudte, Annegret: 33
Tartagnis (de Imola), Alexander: 73
Tengler, Ulrich: 77
Thomasius, Christian: 51, 59, 65, 77, 86, 94
Tortis, Baptista de: 73 f.
Valentyn, Thomas van den: 37
Wagner, Johann: 77
Wegner, Artur: 18
Weikert, Eddie: 33 f.
Wennsler, Michael: 47
Wesenbeck Matthäus: 74
Witte, Karl: 11
Wolrab, Nikolaus: 75
Zaertling, Max: 18
Zainer, Günther: 47
Zobel, Christoph: 64, 74
Zötzsche, Richard: 26